Couverture inférieure manquante

Bibliothèque de Psychologie expérimentale et de Métapsychie

La *Bibliothèque de Psychologie expérimentale et de Métapsychie* s'adresse aux professeurs, aux médecins, aux étudiants et au public cultivé qu'elle renseignera sur les données acquises par la science contemporaine dans le domaine psychologique et psychique. Ces données sont aujourd'hui assez nombreuses et assez solidement établies pour qu'il ait pu paraître opportun de les faire connaître en dehors du monde encore restreint des travailleurs de laboratoire et des spécialistes. Ceux-ci trouveront d'ailleurs, parmi nos monographies, une série de mises au point utiles à leurs recherches et des exposés personnels de questions moins étudiées et plus théoriques. Nous pensons qu'ils porteront intérêt à cette nouvelle publication si nous en jugeons par l'accueil empressé qu'ils ont fait dès l'abord à notre projet.

Les volumes de notre collection se répartiront en trois groupes.

Le premier groupe constituera une série historique. Les diverses sciences psychologiques, encore qu'elles aient pris depuis un temps relativement court le caractère expérimental qui est celui sous lequel nous nous proposons de les envisager spécialement, ont derrière elles un long passé. Il est donc indispensable de les exposer, en quelque sorte « génétiquement ». Ce point de vue s'impose tout particulièrement pour certaines questions qui de près ou de loin, se rattachent à ce que les psychologues contemporains désignent sous le nom de « métapsychie ». Les recherches occultes, les problèmes qu'ont englobés tour à tour la magie, le spiritisme et la théosophie, du moins dans la forme merveilleuse où l'imagination se les représentait, exigent une interprétation historique.

Dans le second groupe seront traitées « les grandes questions psychologiques ». Par là nous entendons les problèmes d'un ordre général dont on trouve l'exposé dans les Manuels de philosophie, et que nous nous proposons d'étudier selon la méthodologie scientifique à laquelle on doit le renouvellement des sciences psychologiques.

Enfin notre troisième groupe, le plus important, sera consacré à l'examen des problèmes spéciaux de psychologie et de métapsychie. Par psychologie, nous entendons la psychologie normale, pathologique, ethnique et comparée. Quant à la métapsychie on sait que M. CHARLES RICHET a proposé au Congrès de Rome (1905) ce terme générique pour définir l'ensemble des phénomènes sur lesquels les sciences psychologiques n'ont point encore fourni de résultats concluants.

Ajoutons que certains volumes de la collection pourront appartenir à deux de ces groupes ou aux trois ensemble. Il s'agit donc plutôt ici d'indiquer les directions dans lesquelles nous nous proposons de nous engager que de tracer dès maintenant un plan limitatif de chaque volume ou de circonscrire définitivement notre domaine.

En résumé l'ensemble de la collection formera une sorte d'*Essai synthétique sur l'ensemble des questions psychologiques et des problèmes qui s'y rattachent*. Notre but sera atteint si l'effort de compréhension psychologique qui caractérise notre époque s'y trouve exprimé.

~~~~~~~~~~~~~~~~~~~~~~~~~~~~~~~~

Volumes parus :

I. — N. VASCHIDE, Directeur-Adjoint du laboratoire de Psychologie pathologique de l'École des Hautes-Études. — **Les Hallucinations télépathiques.**

II. — Dr MARCEL VIOLLET, Médecin des Asiles. — **Le Spiritisme dans ses rapports avec la Folie.**

III. — Dr A. MARIE, Médecin en chef de l'Asile de Villejuif, Directeur du laboratoire de Psychologie pathologique de l'École des Hautes-Études. — **L'Audition morbide.**

IV. — Princesse LUBOMIRSKA. — **Les Préjugés sur la folie,** avec une préface du Dr JULES VOISIN, Médecin en chef de l'Hospice de la Salpêtrière.

V. — N. VASCHIDE et RAYMOND MEUNIER. — **La Pathologie de l'Attention.**

VI. — HENRY LAURES. — **Les Synesthésies.**

En préparation :

Professeur BAJÉNOFF (de Moscou). — **La Psychologie des Condamnés à mort.**

Dr ZIEM. — **Les Sommeils morbides.**

Raymond MEUNIER. — Le Hachich. *Essai sur la psychologie des Paradis éphémères.*

— L'Abstraction chez les Enfants.

Dr A. MARIE. — Précis de Psychiatrie.

— Psychologie ethnique.

— La Foule et les Héros.

Mme DARIA MARIE. — Le Folklore russe et les Chants populaires.

N. VASCHIDE. — Le Sentiment musical chez les aliénés.

Dr Marcel VIOLLET. — La Peur.

— La Satisfaction.

— La Joie.

Dr Jules VOISIN. — L'Enfance anormale.

Alexandre ORESCO. — Peuples oppresseurs et Peuples opprimés. *Essai de psychologie sociale.*

L'AUDITION MORBIDE

MÊME COLLECTION

N. VASCHIDE. Directeur-Adj. au Laboratoire de Psychologie pathologique de l'Ecole des Hautes-Etudes. **Les Hallucinations télépathiques**........ 1 vol.

Dʳ Marcel VIOLLET. Médecin des Asiles. **Le Spiritisme dans ses rapport avec la Folie**......... 1 vol.

BIBLIOTHÈQUE DE PSYCHOLOGIE EXPÉRIMENTALE
ET DE MÉTAPSYCHIE

———

DIRECTEUR : RAYMOND MEUNIER

L'AUDITION MORBIDE

PAR

le Dr A. MARIE (de Villejuif)

Médecin en chef des Asiles
Directeur du Laboratoire de Psychologie pathologique
de l'Ecole des Hautes-Etudes

PARIS

LIBRAIRIE BLOUD ET Cie

———

1908

L'AUDITION MORBIDE

CHAPITRE PREMIER

L'AUDITION MORBIDE PAR DÉFICIT (HYPOACOUSIE)

Nihil est in intellectu quod non prius fuerit in sensu, disent LOCKE et CONDILLAC ; *excipe nisi ipse intellectus*, ajoute le philosophe spiritualiste.

Sans discuter le bien ou mal fondé de cette addition aux prémices posées par LOCKE il est du moins évident que notre intellect pâtit nettement des insuffisances de ses voies d'acquisition perceptives. — Les sens spéciaux précisent nos connaissances en se contrôlant mutuellement et nous donnent l'appréciation la plus pénétrante possible des réalités qui nous entourent.

1

On conçoit donc, toutes choses égales en ce qui concerne les voies d'associations intellectuelles centrales, que l'obstruction des voies centripètes et de réception d'un ou plusieurs sens spéciaux altèrent secondairement notre appréciation du monde réel ambiant ; si ces altérations sont précoces où congénitales on conçoit même que l'insuffisance sensorielle puisse entraîner l'insuffisance intellectuelle. Au premier rang des sens spéciaux l'ouïe, sens intellectuel par excellence, puisque sens du langage articulé, est particulièrement à considérer dans ses altérations morbides fonctionnelles.

Je mets à part dès l'abord les surdités variées et obtusions simples du sens périphérique pour n'aborder ici que les insuffisances fonctionnelles plus en rapport avec la psycho-physiologie et le mécanisme cérébral.

Au plus bas degré, même chez l'idiot proprement dit, l'infériorité principale et la lésion essentielle sur laquelle elle se greffe, résident dans le centre nerveux ; les appareils périphériques, les récepteurs sensoriels, sont, le plus souvent, semblables à ceux des gens normaux, l'outil est bon, comme on l'a dit, c'est le « bon ouvrier qui manque pour l'utiliser » (HEGER).

Aussi, commençons-nous par l'étude de cette infériorité psychique comparativement à l'homme normal, toutes choses égales en ce qui concerne l'intégrité des organes extra-encéphaliques de la sensibilité acoustique.

L'étude des anomalies des appareils récepteurs auditifs, doit prendre place à part de l'étude fonctionnelle dont elle constitue en quelque sorte le complément anatomique.

On peut les rattacher l'une à l'autre, par la recherche des rapports possibles des lésions centrales encéphaliques, avec les anomalies fonctionnelles et l'insuffisance psychique, puis, d'autre part, avec les anomalies physiques et les malformations périphériques concomitantes.

Certains stigmates de la sphère auditive consistent en anomalies de conformation que l'on peut constater directement. Tantôt ce sont des anomalies périphériques visibles du vivant des malades (oreilles en anse, mal conformées, mal ourlées, à lobule adhérent, atrésies du conduit auditif, perforations congénitales de la caisse, etc.) ; d'autres fois, ce sont des malformations centrales (corticalité temporale.) ou bulbaires (aboutissants des fibres auditives centripètes.) On peut d'ailleurs observer les malformations centrales et périphériques tout à la fois avec ou sans lésions intermédiaires qui en soient le trait d'union ; les unes et les autres peuvent être le résultat d'un même arrêt de développement, soit que la lésion périphérique ait précédé l'altération centripète, soit l'inverse.

Mais il peut y avoir aussi des arrêts de développement fonctionnels ou des anomalies de fonction dont le substratum reste insaisissable en l'état de nos connaissances et qui ne se manifestent qu'à l'occasion d'examens psycho-physiologiques.

« Comme pour l'homme, dit Preyer, la plupart des animaux commencent par ne rien entendre, puis entendent quelques sons imparfaits ; enfin, quelques-uns plus nets, en plus grand nombre dans la masse, augmentent, des plus élevés aux plus graves. »

Il y a lieu de nous arrêter d'abord à cette phase initiale, commune à certains des animaux et à l'homme, où l'audition est nulle ; état définitif pour certains malades, sourds de naissance, assez fréquents parmi les idiots.

Si nous considérons les données de l'anatomie comparée, nous voyons que, par rapport à l'évolution de la série animale comme à celle de l'espèce, ces surdités transitoires ne sont que la conséquence d'une phase intermédiaire de passage d'un état organique adapté à des milieux différents.

Chez l'homme, comme chez certains vertébrés *amniens*, le fœtus, à la naissance, est plongé dans le liquide de la poche amniotique, et de même que ses organes respiratoires sont privés d'air, de même les cavités qui s'y rattachent, en particulier les diverticules auriculaires, ne contiennent que le liquide ambiant qui baigne alors la membrane tympanique de tous côtés.

L'oreille moyenne se trouve alors dans la situation de celle de certains poissons, pour qui cet état est définitif, permanent, comme étant le seul approprié aux conditions physiques et mécaniques de fonction dans un milieu liquide.

Par la trompe d'Eustache, aux mouvements de déglutition du fœtus, pénètre le liquide ammiotique ; la muqueuse de la caisse tympani-

que non asséchée est alors épaissie en une cou-
che épithéliale gélatiniforme qui comble en
partie les anfractuosités et adhère à la paroi
labyrinthique.

Les recherches de TREELTSCH, VREDEN, PARVOT,
RENAUT, BARÉTY et GELLÉ sur les animaux et le
fœtus humain, ont démontré la présence dans
ce cas, d'un épithélium dérivé de la membrane
tympanique englobant et contenant les osselets de l'ouïe.

« Le manche du marteau uni à la cloison
tympanique est seul en dehors de ce magma
qui, histologiquement, est constitué par des
réseaux très déliés de cellules de tissus con-
jonctifs embryonnaires avec des faisceaux
de nerfs et des cellules nerveuses bipolaires »
(GELLÉ).

C'est la muqueuse œdématiée, en quelque
sorte hypertrophiée qui forme cette masse
molle et humide ; un revêtement d'épithélium
pavimenteux l'isole.

A la naissance, dès les premières inspira-
tions, ce bourrelet infiltré s'affaisse ; le liquide
disparaît résorbé, l'air prend sa place ; chaque
succion de l'enfant achève de l'évacuer en fa-
vorisant la circulation de l'air intra-tympani-

que ; ainsi se fait la transformation aérienne de l'oreille moyenne, le fœtus passant de la respiration placentaire à la respiration pulmonaire aérienne.

Cette évolution de l'oreille est commandée par le premier phénomène de la vie extra-utérine, la respiration.

Aussi a-t-elle lieu avec plus ou moins de rapidité et plus ou moins complètement, suivant l'énergie de la fonction respiratoire de l'enfant ; l'asphyxie arrête le phénomène ou le rend tardif et incomplet.

Si l'on se souvient de l'asphyxie à la naissance, au point de vue du pronostic de l'idiotie, on comprendra l'association fréquente des deux phénomènes : idiotie et insuffisance auditive périphérique. Comme l'a fait remarquer M. BOURNEVILLE, plus on recherche cet accident dans les antécédents des idiots et des imbéciles, plus on le rencontre. Mais, toutefois, on conçoit combien souvent on se heurte à l'impossibilité de se renseigner à ce sujet.

Sans entrer ici dans la question de savoir si l'état asphyxique du nouveau-né peut être spontané, et déjà l'effet d'un arrêt de développement des centres et d'un retard du réflexe

bulbo-respiratoire, ou si c'est une cause d'altérations secondaires par insuffisance placentaire, intoxication carbonique initiale des cen-
dres nerveux, nous nous contenterons de signa-
ler l'importance d'un tel symptôme, au double
point de vue de l'idiotie et de la surdimutité.

Le retard de la perméabilité de la caisse à
l'air, peut se compliquer d'ailleurs d'autres
éléments secondaires qui peuvent définitivement empêcher la métamorphose. C'est ainsi
que le magma gélatiniforme persistant dans
ces conditions, peut subir d'autres modifications insolites (infiltration purulente ou san-
guine de la muqueuse embryonnaire). La résor-
ption n'a plus lieu, dès lors, et dès la naissance
s'établit une altération grave du tissu muqueux
qui englobe le système des osselets et tapisse
les fenêtres du labyrinthe. C'est pourquoi les
auristes recommandent de surveiller l'audition
et les organes auditifs chez les très jeunes enfants atteints de troubles de la respiration et
de lésions de l'appareil respiratoire. Mais ces
cas extrêmes rentrent dans les lésions périphériques initiales, bien qu'il s'y puisse observer des altérations centrales consécutives,
identiquement comme dans l'expérience de

GUDDEN, où l'oreille détruite sur l'animal à la naissance, produit une lésion cérébrale centripète secondaire.

Il y aurait lieu, inversement, d'envisager l'hypothèse de lésions initiales dont l'altération périphérique possible ne serait que la conséquence tardive, comme dans les expériences de MONAKOW, où la lésion corticale expérimentale amène l'altération centrifuge secondaire de l'organe périphérique, mais ce sont encore là des lésions anatomiques sans manifestations objectives ou fonctionnelles et, comme telles, rentrant dans l'anatomie pathologique.

Le premier stade de surdité transitoire une fois franchi et la caisse tympanique devenue normalement perméable, que se passe-t-il chez l'enfant?

L'excitation auditive produit d'abord les réflexes purs (lois de PFLUGER). Cet état est définitif pour les anencéphales.

Le jeu des osselets et des fenêtres labyrintiques devient possible sous l'influence des vibrations aériennes des ondes sonores; dès lors, le nerf auditif est ébranlé.

Cet ébranlement transmis aux centres nerveux, qu'y produit-il?

Ici, comme pour tout excitation quelconque de la sensibilité, va naître une réaction élémentaire d'ordre purement réflexe, si l'excitation est suffisamment vive et assez prolongée.

Chez l'animal, le cobaye, par exemple, c'est vers la douzième heure qu'apparaissent, pour les sons élevés d'abord, les premières réactions réflexes simples, consistant en mouvements des oreilles (Spalding).

Chez l'enfant, dès le deuxième jour, peuvent s'observer des mouvements incoordonnés que Greisser considère comme des mouvements instinctifs de défense (extension surtout) ; chez l'enfant, comme chez l'animal, la prolongation du bruit ou son augmentation d'intensité amènent la généralisation des mouvements conformément à la loi générale de progression des réflexes établie sur les grenouilles décapitées par Pfluger.

Les mêmes phénomènes s'observent chez les idiots, et l'on pourrait comparer certains hydrocéphales par porencéphalie vraie, et certains anencéphales à ces animaux privés expérimentalement d'hémisphères et réduits aux centres cérébro-spinaux.

On conçoit que les seuls réflexes dont ils soient susceptibles, soient les réflexes bulbo-médullaires.

Mais, chez l'idiot proprement dit, ou chez l'enfant, existent des centres encéphaliques dont les faisceaux se myélinisent plus ou moins vite et permettent une certaine capitalisation des excitations sur laquelle va se développer un premier degré d'attention.

Cette attention se manifestera par des associations simples entre les bruits perçus et l'alimentation, par exemple, dont ils annoncent la préparation. Les mouvements de défense et de fuite, subissent alors un phénomène d'arrêt (du cinquième au quinzième jour selon PREYER).

L'animal subit, au contraire, une sorte d'attraction, s'il est encore aveugle, vers le bruit qu'il a pu associer à l'idée de pâture. L'enfant s'immobilise dans l'attente du biberon et bien vite on peut observer à ce sujet des tentatives d'orientation de la tête, tendant à localiser la source du bruit dans l'espace.

Les premières associations se manifestent à l'occasion de l'alimentation. Les premiers sentiments de joie ou de douleurs sont liés à la satisfaction de l'instinct de nutrition. Secon-

dairement la voix de la mère nourricière est
la première reconnue et associée aux sentiments précités.

La plupart des idiots du dernier degré par-
viennent à cette association première, liée à
l'instinct fondamental de nutrition. Un certain
nombre arrivent même, comme l'enfant, aux
tentatives de localisation dans l'espace pour
la recherche de l'aliment qu'ils réclament.
Des anencéphales qui ne s'élèvent pas au-des-
sus des réflexes prennent du moins le sein of-
fert à leurs lèvres.

GENZMER et MOLDENHAUER ont cherché, d'une
façon générale, à mensurer l'extension pro-
gressive de l'audition des bruits à distance;
ils ont montré l'évolution suivie de l'audition
au contact à l'audition à distance.

Comme l'a montré CHAMPNEY, il y a une période où la sensibilité acoustique est indis-
tincte de la sensibilité tactile. Il faut l'association des deux, pour qu'il y ait perception.
Un bruit ne produira de réaction que s'il s'accompagne de l'ébranlement de la chambre,
du lit, de l'air ambiant. Le diapason vibrant
rapproché reste imperçu; son application
inerte sur la peau n'éveille pas de réaction,

mais le diapason vertex-vibrant est perçu.

Nous avons vu chez un certain nombre d'idiots se produire le même phénomène. L'écueil de l'expérience tient à la difficulté d'interprétation, lorsqu'il s'agit de faire le départ de l'audition, intimement combinée, ici, à la sensibilité cutanée.

A la sixième semaine, PREYER a noté une association nette faite par l'enfant, entre la vue du visage de la mère et l'audition de ses chants, en tant que bruits musicaux rassurants.

« Plus d'un an, dit-il, avant la première tentative imparfaite pour prononcer un mot, l'enfant distingue les bruits et les sons musicaux et cherche même à les imiter (onzième mois). »

RAYMOND MEUNIER a noté un fait analogue dans la *Revue philosophique* avec cette différence que l'enfant distinguait entre les bruits quelconques et les accords harmoniques.

Les premières réactions expressives paraissent être vis-à-vis des impressions musicales modulées où l'idiot, l'enfant et l'animal semblent témoigner d'un état émotionnel complexe différent du réflexe. Même plus tard, dans les

paroles, ce n'est pas l'articulation qu'ils saisissent premièrement, mais bien le timbre, la
hauteur, l'intensité, la modulation même correspondant à la flatterie ou au courroux.

Dans les sons perçus, la modulation est le
premier caractère saisi (argument historique,
philosophique et philologique).

Plus tard, l'articulation entendue est repro-
duite avant d'être comprise (idiots echolali-
ques).

Herbert Spencer a développé cette idée que
l'origine de la musique est dans le langage et
ses variations d'intonation d'origine émotionnelle. On pourrait retourner l'hypothèse et
voir dans la modulation musicale l'origine
première de l'expression, le langage se con-
fondant à l'origine, avec l'inflexion musicale,
expressive, de la voix, bien avant l'articulation. Il est logique de supposer que le chant a
précédé la parole, comme le dessin à précédé
l'écriture.

Chez les races primitives, le langage repose
moins sur l'articulation que sur l'intonation et
la modulation variée des mêmes syllabes. Les
alphabets primitifs contiennent un très petit
nombre de lettres, où les consonnes sont en

minorité et souvent même indifférentes (Ex. l'alphabet canaque).

Toute une classe d'idiots ne possèdent qu'un langage primitif de ce genre, et ne s'expriment qu'à l'aide de syllabes indifférentes diversement modulées ; de même qu'ils ne saisissent que les inflexions expressives des mots dont l'articulation leur échappe.

MARTINI estime qu'il y a lieu d'établir une relation entre l'état d'esprit des malades et l'emploi de certaines voyelles spéciales. Il considère comme un signe de déchéance intellectuelle l'usage de plus en plus restreint des consonnes d'articulation.

D'autres idiots possèdent le langage réflexe, c'est-à-dire la parole automatique, consistant en quelques réponses simples, monosyllabiques le plus souvent : « Oui. — Non. — Merci. » sans intervention de l'intelligence (ROBERTSON, « Réflex. on automatic speech »).

Au-delà commence le véritable langage articulé, expressif, permettant quelques indications subjectives. Mais il est encore des idiots qui, entendant parler et saisissant le mode d'articulation de tous les mots, ne peuvent que reproduire ce qu'ils entendent, sans y

attacher aucun sens; c'est une simple écholalie imitative, comme le langage des perroquets. Deux de nos malades ont présenté ce
phénomène.

Au demeurant, la parole écho n'est qu'une
modalité de la tendance à l'imitation pure
que l'on rencontre chez quelques animaux et
chez l'enfant, bien avant qu'il ne parle. C'est
ainsi que ce dernier commence de très bonne
heure à se balancer en mouvements cadencés,
en mesure et à l'unisson de la musique (vingt-
et-unième mois. PREYER). Ce phénomène est
très fréquent chez les idiots.

Plus tard, nous l'avons vu, l'expression de
la pensée est modulée avant d'être articulée.
Il faut, au début, l'association des gestes et de
la mimique, pour faire saisir à l'enfant et à l'i-
diot ce qu'on désire d'eux. Lorsqu'ils commencent à donner la main, ils le font autant par
imitation du geste de celui qui la leur tend,
que par compréhension des mots entendus.
Les mères connaissent cette loi, d'instinct,
comme le montrent leurs néologismes enfan-
tins et le langage simplifié, pauvre en consonnes et aidé de gestes par lesquels elles se
font comprendre. « Malgré cela, toute mère,

dit Preyer, perd plusieurs milliers de mots
qu'elle parle, murmure ou chante à l'enfant,
sans qu'il en entende un seul. Elle lui en parle
plusieurs milliers encore, sans qu'il en com-
prenne un seul, mais si elle ne se gaspillait
pas en paroles, sur un être qui, d'abord,
n'entend pas, ne comprend pas, l'enfant n'ap-
prendrait à parler que plus tard et très difficilement. » On pourrait ainsi expliquer pourquoi, dans certains milieux ruraux, entre
autres, l'enfant parle assez tardivement, entendant moins souvent la voix de ses parents ; il se trouve alors momentanément
retardé dans son développement.

Rappelons aussi l'histoire de la légendaire expérience qu'aurait faite un Pharaon sur l'enfant
normal, élevé hors de tout contact avec ses
semblables. L'instinct imitatif avait agi et il
reproduisait les cris de la chèvre qui l'avait
allaité.

Il est curieux de voir, à ce point de vue,
les documents relatifs aux cas historiques des
prétendus hommes sauvages.

A propos de l'un de ceux cités par J.-J. Rous-
seau, il est dit, par Condillac, « qu'il ne donnait aucune marque de raison, marchait sur

2

les pieds et sur les mains, n'avait aucun langage autre que des sons inarticulés, ne res-
semblant en rien à ceux des hommes. » (Sauvage de Lithuanie, 1694).

A propos du cas classique, en France, du
sauvage de l'Aveyron, qui a fait l'objet d'une
étude particulière de DELASIANVE, il n'est peut-
être pas sans intérêt de rappeler qu'il fut as-
similé à un idiot incurable. Il exerça néanmoins la sollicitude éducative d'ITARD, qui ne
parvint qu'à grand peine à en obtenir quelques tentatives d'expression articulée. (1801.

— De l'éducation d'un homme sauvage, et
1807 : Du sauvage de l'Aveyron. — Voir MEY-
NET : Le Sauvage du Var. 1865. Acad. de méd.).

« Après la mimique expressive, dit PREYER,
appuyée de sons indifférents (voyelles surtout),
l'enfant commence à imiter certaines syllabes
simples (papa), mais ce n'est encore qu'une
sorte d'écholalie ; la compréhension vient ensuite (dix mois). »

On peut comparer cette évolution à celle de
la compréhension des mots entendus en lan-
gue inconnue, quand on est en pays étranger.
La lenteur d'expression verbale, comme le fait
remarquer l'auteur précité, ne tient pas aux

appareils expressivo-moteurs, mais bien aux difficultés d'associations mentales auditives. Car, bien avant de parler, l'enfant produit spontanément des sons incohérents aussi complets que ceux du langage. Cela est également vrai pour nombre d'idiots qui, avec un appareil vocal et des circonvolutions très développées, ne parlent pas, car il leur manque le processus psychique nécessaire.

L'enfant ne réagit d'abord qu'aux impressions auditives vives, et souvent avec lenteur, en criant plus tard, il réagit à des impressions de vivacité ordinaire, sans rien comprendre, en riant, en émettant des sons inarticulés, sans liens qui les unissent.

De même l'imbécile ne réagit qu'aux impressions vives, et cela avec lenteur et pesamment, avec des gestes peu expressifs et des mots bruts, ou bien il réagit aux impressions ordinaires, au moyen de sons niais, insignifiants, sans liens qui les relient.

« ... Les enfants commencent par n'avoir à leur disposition que quelques sons inarticulés, puis, ils apprennent à prononcer des sons articulés et des syllabes, puis des mots monosyllabiques, enfin des mots polysyllabiques et des phrases; mais il répètent souvent les mots qu'il entendent sans les comprendre, comme les perroquets; les idiots de même ne possèdent que de courts mots ou phrases, ou même des mots mono-syllabiques seulement, enfin il peut leur manquer même les sons articulés. Beaucoup de microcéphales répètent les mots qu'ils entendent sans les comprendre, comme les petits enfants » (PREYER, p. 337).

On le voit, le langage n'est peut-être qu'un réflexe complexe peu à peu développé, à la suite d'une capitalisation accumulée des excitations. Quoi qu'il en soit, chez un enfant non encore développé, comme chez l'idiot arrêté dans son évolution, il est extrêmement difficile d'apprécier les réactions en rapport avec la sensibilité auditive.

En l'absence de renseignements subjectifs, peut-on se baser sur quelques phénomènes d'ordre réflexe?

Les physiologistes italiens et français ont, croyons-nous, utilisé les premiers les réactions pupillaires en rapport avec les excitations de la sensibilité cutanée. Nous avons songé à reprendre ces expériences. Sur les idiots complets, ne parlant pas, l'audition des bruits

d'intensité variable, pourrait, tout comme
l'excitation de la sensibilité cutanée, amener
des réactions proportionnelles dans les mouvements de dilatation ou de contraction de
l'iris ; mais pour formuler une loi à ce sujet, il eût fallu un certain nombre d'observation comparables, que nous n'avons pu
réunir.

Au contraire, à l'excitabilité acoustique
variable de nos sujets, se joignait la fréquence
des anomalies fonctionnelles et même anatomiques de l'iris, en particulier, la rigidité pu-
pillaire ou sa paresse, qui enlevait son intérêt
à une expérimentation de ce genre.

Les manifestations émotionnelles (sourire,
rire, pleurs), ce qu'on a pu appeler le langage
affectif réflexe, ne nous ont pas paru pouvoir
être utilisées non plus, à notre point ne vue.
On connait la fréquence de ces manifestations
chez l'enfant, comme chez l'idiot qui ne parle
pas. Ne pouvant être volontairement inhibées,
elles se répètent inutilement et d'une façon
démesurée. HUGHLINGS JACKSON a pu comparer
ces phénomènes qui éclatent sans prétexte et
d'une façon désordonnée aux réflexes spinaux
des animaux décapités. On peut les comparer,

ici, au rire et pleurer bulbaire et des lésions
circonscrites.

Il ne pouvait donc y avoir là, pour nous,
une pierre de touche de l'excitabilité acoustique de nos idiots. On se trouve ainsi souvent réduit à de vagues indices ou à des
constatations inattendues relevant du hasard.

L'hypoacousie peut s'observer cependant
chez les idiots doués de la parole et sans lésions
auriculaires. (Expérience de RINNE). Il y a lieu
d'appliquer ici la distinction de deux ordres
de perceptions — *primitives et acquises.*

Nous devons à ce propos nous arrêter aux
données fournies par association avec les impressions tactiles et musculaires des annexes
de l'oreille. L'orientation et l'accommodation
dans l'audition en résultent. Ces fonctions peuvent être viciées dans l'idiotie, ainsi que l'audition de l'échelle des sons musicaux et la mémoire musicale. Cependant, n'oublions pas que
la cadence et la tonalité (majeure) peuvent être
comprises des idiots aphasiques. Sans nous at-
tarder pour l'instant aux groupes d'idiots privés de langage, ni à ceux chez lesquels l'ouïe
fait complètement défaut, nous étudions ceux
dont l'audition est simplement diminuée (ce

qui est le cas le plus fréquent) et pouvant donner quelques renseignements subjectifs.

Tout d'abord nous avons éliminé et réservé les cas d'hypoacousie relevant d'altérations périphériques, de l'oreille interne moyenne, ou externe.

Pour ce faire, nous avons procédé dans nos observations, à l'examen anatomique de l'appareil auditif accessible aux investigations directes.

Mais il est toute une portion de l'appareil auditif dont les altérations ne se manifestent, durant la vie, que par des troubles fonctionnels subjectifs d'une appréciation délicate.

Au premier rang des méthodes expérimentales, préconisées pour le diagnostic de ces lésions, ont doit placer le procédé de RINNE; aussi y avons-nous eu recours.

EXPÉRIENCE DE RINNE. — Chez l'idiot en observation, on met un diapason vibrant en contact avec l'apophyse mastoïde; les os transmettent les vibrations à l'appareil central de l'audition; les sons sont perçus si le sujet n'est pas absolument sourd. Après quelques instants, les vibrations s'affaiblissent et le sujet n'entend plus rien. A ce moment, on porte le diapason, sans l'amorcer de nouveau, devant le conduit auditif externe. Or, chez les sujets dont la surdité est d'origine centrale et non due à un défaut dans l'appareil de transmission, le son est perçu à nouveau, ce qui n'existe pas chez les individus dont la surdité est due à une lésion de l'appareil collecteur ou transmetteur du son. Chez ceux-ci les vibrations du diapason appliqué sur l'apophyse mastoïde, sont perçues plus longtemps que chez les premiers.

En d'autres termes, *les vibrations aériennes sont perçues plus longtemps que les vibrations crâniennes, dans les cas de surdité d'origine centrale ; les mêmes vibrations sont perçues plus longtemps par voie crânienne, dans les cas où l'acuité auditive est due à un défaut de transmission des ondes sonores dans l'oreille externe ou dans l'oreille moyenne ; le premier résultat expérimental est appelé le Rinne positif, tandis que l'on nomme le second négatif.*

Il convient d'ajouter que M. Moure, de Bordeaux, a contesté la valeur intégrale de la signification du Rinne positif et négatif.) Quoiqu'il en soit on comprend qu'avec des idiots, même capables de donner des renseignements, il ne soit pas toujours facile de pratiquer l'expérience de RINNE avec fruit; de plus, on voit que sa valeur a été mise en doute. On ne peut dans certains cas, trancher la question de savoir si l'appareil auditif périphérique, est ou non, indemne, bien que l'examen direct de la membrane tympanique ne décèle rien d'anormal. Un certain nombre de nos idiots, sans être sourds complètement, n'ont paru percevoir les vibrations du diapason qu'au contact; et une particularité digne de remarque s'est présentée dans plusieurs cas, qui ne nous paraissent pas de simples coïncidences, les malades empruntaient des mots tirés de l'expérience tactile, pour rendre compte de l'impression sonore. « C'est chaud…, ça brûle…, ça pince. » Telles sont les réponses de plusieurs de nos malades. Cette confusion entre les impressions tactiles, thermiques, douloureuses et auditives, nous a paru d'autant plus curieuse, que ces malades distinguaient parfaitement le diapason vibrant du diapason non amorcé, appliqué aux mêmes endroits de la boîte crânienne (apophyse mastoïde, zygomatique, vertex, maxillaires.)

La montre en mouvement, était également

distinguée de celle arrêtée « ça tape..., ça
bouge..., » disaient les mêmes malades dans
le premier cas.

La perception brute des vibrations sonores,
en dehors de toute accommodation des appareils de l'audition, ont, au demeurant, tellement d'analogie avec les données de la sensibilité générale, que l'on comprend aisément
la confusion de nos malades. Les locutions
usuelles, offrent d'ailleurs, des exemples analogues. Ne parle-t-on pas couramment, de
bruits clairs, de sons veloutés, de ton aigres ?

Il est permis de penser que la différenciation
des excitations perçues par les différents sens
n'est que le résultat d'une spécialisation acquise de nos zones corticales. A ce propos on
a coutume de rappeler en physiologie, la
sensation lumineuse produite par la section
du nerf optique. On en déduit que l'irritation
du nerf se traduit toujours dans le cerveau,
par une sensation lumineuse, parce que l'organe nerveux central, la substance du sens
visuel dans le cerveau, ne développe en elle,
quand elle est irritée, que des sensations spéciales (BERNSTEIN). Mais ce n'est là que le
résultat d'une longue éducation et primitive-

ment, l'irritation des nerfs optiques ou auditifs ne doit pas différer essentiellement de celle de tout autre nerf quelconque, au point de vue psycho-cérébral.

Si néanmoins sur des individus adultes normaux, on applique des courants électriques traversant la tête de façon à ce que le nerf acoustique soit excité dans son ensemble, c'est à une sensation de son et de bruissement que l'on donne naissance, de même que le nerf optique pincé donne une sensation lumineuse (argument en faveur de la spécificité sensorielle). La même expérience pratiquée sur certains idiots, ne donne pas le même résultat, et ils n'accusent, comme pour le diapason, qu'une impression rapportée à la sensibilité générale, tactile, thermique ou douloureuse.

Il nous paraît résulter de ce qui précède qu'il existe pour l'audition, comme pour tous nos autres sens, des perceptions primitives correspondant aux notions premières de bruits, de vibrations sonores, perçues en elles-mêmes sans limitation, ni différenciation autre que celles tirées de l'intensité, de la hauteur. Dès que la sensation n'est plus limitée au son en

soi, la différenciation se caractérise pour s'é-
lever jusqu'à la notion des causes diverses.
Dès lors, les divers sens se prêtent un mutuel
appui, en associant et contrôlant leurs données réciproques.

C'est là, l'origine d'un nouvel ordre de
perceptions correspondant aux impressions
auditives, ce sont les *perceptions acquises*.

Dans le complexus psychique correspondant
à une sensation donnée, il n'est pas facile de
faire la part des perceptions acquises et des
notions premières fournies par l'impression.

Pour fixer l'esprit, on peut prendre l'exemple courant d'une personne qui chante. En
l'entendant, nous percevons un ébranlement
particulier transmis par l'air à nos organes de sensibilité spéciale (perception primitive). De cette sensation brute, nous pouvons
juger, grâce à des expériences antérieures in-
nombrables, la force d'émission des sons, leur
qualité plus ou moins pure, la justesse, la valeur musicale, enfin, nous évaluons la distance approximative et le point de l'espace où
se trouve le chanteur. Nous pouvons même reconnaître le timbre d'une voix connue, nous
représenter la figure, évoquer une image vi-

suelle; si le chanteur s'accompagne, nous re-
conraîtrons l'instrument, connaissant l'air,
nous nous rappellerons le motif, les paroles
au besoin, l'image des notes de la partition,
avec les images motrices des mouvements né-
cessaires pour l'accompagnement, les efforts
phonétiques même, pourront revenir à la mémoire, si nous avons exécuté le morceau. En
un mot, chaque sens (visuel, tactile, musculaire) et apportera sa donnée complémentaire
à celle fournie par la seule impression auditive primitive. Si, à l'état normal, l'analyse
de ces phénomènes est délicate, combien, plus
encore, l'est-elle chez l'idiot, cela rentrerait,
d'ailleurs, dans la psychologie proprement
dite de l'idiotie.

Mais, il est parmi les données complémentaires, des sens autres que l'ouïe pure, certains
éléments tellements connexes de son fonctionnement spécial qu'il y a lieu de s'y arrêter
particulièrement. Je veux parler de la sensibilité tactile des téguments de l'oreille externe et de la sensibilité musculaire de l'appareil moteur extrinsèque et intrinsèque.

Ces différents éléments correspondent, en
effet, à deux fonctions spécialisées :

1° L'orientation des bruits et leur localisation dans l'espace, grâce, au tact du pavillon
auriculaire et à ses mouvements (muscles extrinsèques).

2° L'accommodation de l'appareil de transmission (caisse) grâce à la sensibilité tactile
tympanique et aux muscles intrinsèques.

Rappelons que les muscles auriculaires ex-
ternes sont au nombre de trois :

L'antérieur, attirant en haut la partie antérieur du conduit auditif; le supérieur et le
postérieur relevant l'hélix, la conque, et re-
dressant les courbures en évasant l'orifice du
méat auditif.

Il en résulte une modification dans la réflexion des ondes sonores (DUCHENNE, DE BOU-
LOGNE).

L'action synergique de tous ces muscles
contractés ensemble, constitue le geste de
l'attention auditive (GELLÉ).

Aussi a-t-on signalé le développement des
mouvements du pavillon par l'effet de l'attention chez les demi-sourds (COOPER).

Quant aux muscles intrinsèques accommodatifs, ce sont, le tenseur ou muscle du marteau et le muscle de l'étrier, antagoniste du

précédent qui relâche la chaîne des osselets.

Le premier muscle est innervé par le maxillaire inférieur, tandis que le second, l'est par le facial.

ORIENTATION. — Tout d'abord, pour l'orientation des bruits, on peut dire que le concours des sensibilités, tactile et musculaire, est couramment utilisé en ce qui concerne l'excitation cutanée de l'oreille externe, (conduit, conque et pavillon).

Il suffit pour s'en convaincre, de rappeler l'anatomie comparée et l'exemple si fréquent des animaux qui localisent les bruits dans l'espace, par l'orientation appropriée de l'oreille visiblement adaptée à ce but, selon les lois de la physique (l'observation de la chauve-souris dite *oreillard* est des plus curieuses à ce point de vue).

Chez l'homme normal, la conformation du pavillon semble avoir perdu les caractères typiques de cette adaptation particulière. Les muscles propres de l'oreille externe sont atrophiés; dans une certaine mesure, les mouvements plus faciles et plus étendus de latéralité, de flexion et d'extension du crâne, peuvent y suppléer, mais il n'est pas moins

vrai que l'aplatissement de l'expansion carti-
lagineuse, ne rappelle que de fort loin l'en-
tonnoir acoustique évasé ; son utilité à ce point
de vue, est donc au moins douteuse et les
individus privés de pavillon auriculaire, ac-
cidentellement ou congénitalement ne paraissent pas se ressentir autrement de cette mu-
tilation (ex. : cas de Toynbee et de Cooper).

Il est même une coutume barbare primitive, encore en usage chez certaines peupla-
des qui consiste en l'ablation de la conque,
de même que d'autres s'arrachent les sourcils
et les cils.

Keissner a cependant reconnu, expérimentalement, sur les chats, que la section du
pavillon diminue sensiblement le champ auditif.

L'action adjuvante se fait-elle comme organe vibrant, (Savart, Schneider, Longet) ou
comme le dit Voltolini, est-ce une sorte de
tympan extérieur ?

Duval et Beaunis établissent que c'est un
écran réflecteur des ondes sonores.

A ce point de vue, on comprend l'influence
de l'angle d'insertion (Buchanan) sur l'angle
de réflexion. (L'angle normal d'insertion

= 30° ; chez l'idiot, il est généralement plus obtus.)

WEBERT a montré que l'application du pavillon sur l'apophyse mastoïde annule l'action accumulatrice des ondes sonores, collectées et renforcées lorsque dans un premier temps on a fait entendre la montre sans aplatir le pavillon. (Expérience de la montre en avant (deux temps) ; au deuxième l'ouïe n'existe plus qne sur l'axe auditif.) La contre expérience montre que le pavillon est bien un organe de recherche de la direction du son, d'orientation.

Chez l'homme, les tatonnements instinctifs par les mouvements de latéralité de la tête, pour adapter l'axe auditif à la direction des bruits sont puissamment aidés par la sensibilité cutanée du pavillon et lorsque cette action est annulée, la recherche est plus difficile et plus longue.

Chez les êtres dont l'oreille externe est, elle aussi, pourvue d'une mobilité propre, la perte de l'organe doit logiquement porter une grave atteinte à la sûreté avec laquelle ils situent dans l'espace, la cause d'où émane le bruit.

Les idiots, par l'obtusion de la sensibilité

3

du pavillon, comme par l'indécision des mouvements d'orientation de la tête aux bruits, ont un champ auditif souvent restreint (le rétrécissement portant sur l'étendue de la surface de l'axe auditif, et l'acuité auditive restant normale pour la distance) les malformations de courbures du pavillon n'y sont peut-être pas non plus étrangères. On peut du reste établir des sortes de graphiques du champ auditif rétréci, comme on fait pour le champ visuel.

Chez les idiots, la conque, a généralement une surface plus considérable qu'à l'état normal; il semble parfois qu'il y ait une sorte d'hypertrophie du cartilage, comme des replis supplémentaires, mais il ne semble pas que cela augmente leur champ auditif, car les replis de la conque ne valent guère que par la sensibilité de la peau qui les recouvre et par la régularité géométrique de leurs courbures.

A un autre point de vue, on a pu comparer le rôle de la conque pour l'oreille, à celui des paupières pour l'œil, rôle de protection consistant à abriter l'organe en écartant les corps étrangers solides ou liquides (poussières, insectes, etc.).

Quelques individus jouissent exceptionnellement de mouvements propres assez étendus de l'oreille. L'un de nos malades était dans ce cas. Le fait est curieux, mais n'a rien d'exceptionnel. DARWIN, BROCA et d'autres ont déjà signalé chez certaines personnes le caractère fonctionnel des muscles auriculaires qui, chez l'homme, ne sont d'aucun usage et qui rappelleraient simplement un état ancestral.

L'homme, d'après les anthropologistes n'étant qu'un animal en voie de perfectionnement, on doit encore retrouver chez lui, la trace d'organes ayant servi dans ses états transitoires antérieurs. Jadis, les oreilles remuaient ; donc, elles peuvent encore remuer. Et, en effet, on rencontre, comme on le voit, aujourd'hui encore des personnes aux muscles auriculaires actifs.

Autrefois, on en a également signalé. Le *Journal des curieux de la nature de 1685*, parle d'une jeune fille dont les oreilles se mouvaient. Quelques érudits du temps mirent en doute l'authenticité de l'observation. Le rédacteur des *Nouvelles de la République des lettres en septembre 1686*, fit remarquer qu'il n'était pas permis de « nier cette singularité après ce que M. l'ABBÉ DE MAROLLES atteste du philosophe CRASSOT ».

« Ce philosophe, dit l'ABBÉ DE MAROLLES en ses *Mémoires* était malpropre, avec une barbe longue et touffue et les cheveux mal peignés. Il avait une chose bien particulière et que je n'ai jamais vue qu'en lui seul, qui était de plier et de redresser les oreilles quand il le voulait.

« Selon PIERRE MESSIE, SAINT AUGUSTIN a vu un homme qui non seulement remuait les oreilles comme il le voulait, mais encore ses cheveux sans faire aucun mouvement ni des mains ni de la tête.

« VESALIUS, un anatomiste très distingué pour son temps, dit fort bien qu'il a rencontré à Padoue, deux hommes dont les oreilles se dressaient.

« Est-ce que PROCOPE ne compare pas Justinien à un âne, « non seulement à cause de sa pesanteur d'esprit et bêtise, mais encore eu égard à ses oreilles mobiles qui le firent nommer en plein théâtre, *maître baudet* par ceux de la faction verte dont il était l'ennemi ».

Il y a mieux, cette anomalie musculaire a été signalée chez une divinité grecque, chez le dieu de la force brutale, chez Hercule. Hercule possédait les oreilles mobiles. On les voyait se dresser quand il mangeait. Athénée rapporte des vers d'Epicharme où il est dit : « sa mâchoire choque bruyamment, ses molaires frappent avec éclat, ses canines grincent, il siffle par les narines, il agite ses oreilles. »

Tel était Hercule. En cherchant bien, on trouverait des cas analogues, parmi nos contemporains.

« Un de nos médecins les plus connus peut plisser à volonté toute la peau du crâne ; un musicien fait dresser et danser une mèche de ses cheveux ; un ingénieur plie légèrement au commandement, le lobe de son oreille droite. Singularités de constitution ou réminiscenced'une vie ancestrale ? Qui oserait conclure ? » Henri de Parville.

D'autre part, les malformations auriculaires diverses, peuvent se ramener à des types de la série animale, auxquels on peut les comparer et dont la succession se rapproche de plus en plus de la conformation infondibuliforme.

Ces anomalies sont fréquentes chez les idiots.

Indépendamment du tact actif à la fois
cutané et musculaire, par lequel l'oreille
externe va, en quelque sorte, au devant des
ondes sonores, pour les mieux recueillir, il y
a à considérer la sensibilité tactile passive.

Abstraction faite de la lenteur plus grande
de perception du tact et de l'obtusion fréquente de ce sens, on peut chez les idiots, observer de la dysesthésie et de l'anesthésie,
comme dans l'hystérie, c'est-à-dire limitées
aux annexes de l'oreille proprement dite
(oreille externe).

Féré (82, *Arch. de Neur.*, t. III, page 281),
a démontré la coexistence avec l'hémianesthésie cutanée et muqueuse de troubles uni-
latéraux sensoriels pour l'ouïe en particulier ;
inversement, pour la surdité hystérique, il a
trouvé l'association fréquente avec l'anesthésie cutanée limitée au pavillon et à la
peau du conduit auditif externe.

Briquet, observant la surdité hystérique,
écrivait (p. 205) : « Le plus ordinairement, la
peau du pavillon de l'oreille, de la conque et
du conduit auditif externe est anesthésiée et
ne perçoit ni la sensation des piqûres, ni
celles du contact des corps ».

En 1883 M. Walton dans le service de
Charcot a étudié la sensibilité de la membrane du tympan ; il a même donné quelques
détails sur la sensibilité de l'oreille moyenne
à l'air insufflé. (*Traité de l'hystérie.* — Gilles
de la Tourette).

Ses investigations qui ont porté sur 13 malades, l'ont conduit à admettre très nettement
la superposition des troubles sensoriels.

Elles peuvent être résumées comme suit :

1° Dans l'hémianesthésie complète, il existe
de la surdité unilatérale complète et les diapasons placés sur le front, ou sur les dents,
ne sont perçus que par le côté sain. En même
temps, il existe de l'analgésie du tympan.

2° Dans les cas d'hémianesthésie incomplète (ordinairement analgésie avec thermo-
anesthésie, et hypoesthésie au contact), la
surdité est incomplète. On constate une diminution pour les sons transmis par voie aérienne et une diminution ou une abolition
des sons transmis par voie crânienne. Les
diapasons placés sur le front ou sur les dents
sont mieux perçus, ou le sont exclusivement
par l'oreille saine. Il existe en même temps
de l'analgésie du tympan.

3° Dans les cas d'anesthésie plus ou moins complète des deux côtés du corps, le degré de la surdité correspond au degré de l'anesthésie cutanée. Un trait commun à tous ces cas, consiste en ce que la surdité pour les sons crâniens, dépasse celle pour les sons aériens.

Les faits précédents semblent indiquer qu'il existe dans les régions indéterminées de l'encéphale, des centres sensitifs communs aux organes des sons et aux téguments qui les recouvrent (FÉRÉ).

Nous avons déjà signalé la plus grande lenteur de perception des idiots et imbéciles; ce que le chronomètre d'Arsonval permet de mettre en lumière. Suivant BLOCH (sur la vitesse relative des transmissions visuelles, auditives, tactiles (*Soc. de Biologie* 1883) la transmission auditive dure normalement 1/72 de seconde de plus que la visuelle et celle-ci 1/21 de seconde de plus que la tactile.

La sensation tactile précède donc la sensation acoustique, puisque l'onde aérienne agit d'abord sur le tympan, et ne devient sonore qu'après avoir ébranlé le nerf labyrinthique.

Chez l'idiot, le ralentissement des transmissions sensitivo-sensorielles, peut atteindre

uniformément les différents ordres de sensibilité, ou plus particulièrement telle sphère
plutôt que telle autre; on conçoit la conséquence du retard limité au tact (tympanique
en particulier), comme empêchant l'accommodation auditive. L'impression tactile arrive
trop tard pour permettre l'accommodation
réflexe des osselets en temps voulu.

ACCOMMODATION. — La membrane du tympan
avec ses muscles relâcheur et tendeur forme
un appareil particulier qui ne livre pas un
égal passage à telles ou telles ondes sonores.
Aussi tous les auteurs ont-ils établi un pa-
rallèle ingénieux entre les appareils de protection et d'accommodation de l'œil et ceux de
l'oreille.

Dans cette dernière, l'appareil musculaire
formé par les muscles du marteau et de l'é-
trier, serait l'analogue de l'*Iris*.

Le muscle interne du marteau ayant pour
fonction de protéger la membrane du tympan
et par suite, l'oreille interne contre les vibrations trop intenses des sons forts, correspondrait aux fibres circulaires iriennes du myo-
sis, au constricteur de la pupille contre une
lumière trop intense.

Le muscle de l'étrier, attire en arrière la tête de cet os et la branche inférieure de l'enclume, de là, un double mouvement de bascule :

1° Un mouvement de bascule de la base de l'étrier qui s'enfonce dans le vestibule par sa partie postérieure et se relève par sa partie antérieure.

2° Un mouvement de la tête de l'enclume qui s'incline en bas, en dedans et en avant, en poussant dans le même sens la tête du marteau dont le manche se porte en sens contraire (en dehors); d'où il suit que l'action de ce muscle a pour résultat définitif, un relâchement de la membrane du tympan.

D'une façon générale, les tons élevés sont les mieux perçus, aussi bien pour les idiots que pour les gens sains; c'est que l'accommodation du tympan par tension, éteint d'abord les tons graves; cette accommodation doit donc se faire instinctivement chez les malades qui nous occupent.

La raideur du tympan empêchant les tons bas, éteint surtout les consonnes d'articulation qui sont plus basses que les voyelles, la parole ne peut plus alors être bien entendue.

Les idiots ont tendance à employer des sons,

voyelles surtout, probablement parce que ce
sont ceux qu'ils perçoivent le mieux.

En dehors des cas où la perception du ton
ou du timbre des sons peut être altérée par
un vice d'accommodation de l'oreille, on peut
observer, chez les imbéciles, et d'une façon
générale, chez les dégénérés, des sortes de
scotômes auditifs, si l'on peut ainsi parler. Le
fait est fréquent dans l'hystérie, mais il ne
paraît pas spécial à cette affection et on peut
l'expliquer sans supposer constamment la
coexistence de cette névrose, avec les maladies qui nous occupent.

Pourquoi, en effet, ne pas voir là un de ces
points de contact par lesquels l'hystérie con-
fine à la dégénérescence, dont elle n'est probablement, en dernière analyse, qu'une modalité?

L'existence dans l'un et l'autre cas, des
mêmes lacunes stigmatiques pour l'audition,
n'aurait rien qui puisse étonner.

La recherche de ces surdités partielles se
fait au moyen de diapasons multiples; un ton,
ou une série de tons, peuvent alors, ne pas
être perçus (KNAPP, GELLÉ) (*scotôme central*).
Le plus souvent, ce sont les tons bas, ou les

tons élevés au contraire, que l'oreille ne perçoit plus (Moos, Gellé, Schwartz, Knapp) (*scotôme périphérique*).

D'autre part, Szokalski a montré que les
sensations auditives pouvaient être perverties
en flot, et pour toutes les notes de la gamme.
Il cite le cas d'une pianiste, qui percevait les
sons d'une manière particulière. Un piano ac-
cordé d'après son oreille donnait des disso-
nances très marquées. Mais ces cas de dysécie
lacunaire ou totale, sont d'une appréciation des
plus délicates, sur des imbéciles et des idiots.

Haberman a rapporté six cas analogues mon-
trant combien peuvent être grandes les difficultés du diagnostic, même sur des hystéri-
ques simples.

Fulton rapporte l'histoire détaillée d'une
malade atteinte de surdité et d'amaurose, s'a-
méliorant et s'aggravant d'un jour à l'autre,
chez laquelle il n'existait pas de troubles de
sensibilité outres. Par contre, l'affaiblissement
de la perception crânienne était plus prononcé
que celui de la perception aérienne. Enfin,
chaque attaque de diminution de l'acuité auditive, était précédée d'hyperesthésie du nerf
acoustique.

Nous avons recueilli le cas d'une dégénérée non hystérique avec accès analogues de dysécie intermittente.

Il est permis de se demander dans les cas de ce genre si l'on ne pourrait mettre en cause un spasme intermittent de l'appareil accommodatif?

On pourrait expliquer de la même façon les modifications du champ auditif, restreint dans les notes hautes ou basses, par un spasme, une raideur ou une contracture, une rétraction avec atrophie des muscles de l'un ou l'autre des appareils accommodatifs tenseur ou relâcheur de la chaîne des osselets.

La paracousie ou audition fausse pourrait s'expliquer ainsi dans certains cas par un vice d'adaptation des appareils accommodateurs quel que soit le son entendu.

Pour les lacunes auditives en îlots seulement, il serait nécessaire de supposer l'altération invoquée trop souvent de tel ou tel ordre de fibres de Corti, altérations difficiles à constater anatomiquement et partant discutables.

La comparaison de certains de ces faits avec le scotôme et la variation possible du scotôme auditif semblerait même devoir faire repousser l'hypothèse précitée dans un bien plus grand nombre de cas; la nature corticale de ces troubles paraît plus logique à en juger par analogie avec ce que nous savons de la vision.

De même qu'en ophtalmologie on s'attache à déterminer l'acuité visuelle en même temps que la réfraction, de même on a cherché à construire une échelle de sons simples correspondant aux échelles optiques de SNELLEN et aux gammes colorées de HOLMGREEN. WOLF a utilisé dans ce but la valeur musicale des voyelles. Il recommande dans les épreuves, de parler au sourd, avec une voix d'une hauteur moyenne; car si l'on crie, la tonalité de la voix s'élève dans les sons voyelles, les sons consonnes restant les mêmes, d'où survient l'assourdissement.

On devra choisir comme épreuves, les sons toniques et de valeur bien déterminée; ainsi *R, B, F, S, C, H*, sont fixes, pénétrants et connus.

On a dressé une échelle de perception de la voix; en haut, se trouvent *A* et *O*, qui sont mieux perçus; en bas de l'échelle l'*H* (URBANSTCHISCH, GUERDER).

Plusieurs auteurs ont pensé avec raison, qu'il importait de pouvoir apprécier la force de la voix émise à chaque expérience. On peut la calculer au moyen d'un instrument qui enregistre la vitesse du courant d'air expiré et qui s'appelle « maximal phonometer ».

Nous ne pouvions songer à appliquer ces méthodes de recherche à l'examen de nos malades, tant pour déceler des lacunes de perceptions des sons de hauteur différentes, que pour évaluer l'audition d'une même note, la distance seule ou l'intensité variant. Nous nous en sommes donc tenus sur ce point, à l'usage du diapason ordinaire. Mais cet instrument seul ne peut fournir des données suffisantes pour l'appréciation du sens musical, si curieusement développé chez nombre d'idiots.

Nous avons pu nous-mêmes observer quelques exemples intéressants de ce genre. Une écholalique, citée plus haut, était du nombre. Bien qu'elle ne parlât, pour ainsi dire pas spontanément, elle avait pu imiter et retenir certains airs qu'elle reproduisait en chantant, lorsqu'on l'y invitait. En disant les premiers mots ou les premières mesures, elle achevait l'air sans se tromper, donnant même les pa-

roles exactes, alors que, sans chanter, elle
n'eût pu prononcer ces mots spontanément.

On connaît des exemples aujourd'hui nom-
breux démontrant les localisations différentes
de la mémoire vocale, musicale, et de la mémoire phonétique parlée. Des malades atteints
de surdité verbale peuvent encore reconnaître
les personnes au son de la voix, alors qu'elles
ne comprennent pas les paroles. D'autres,
aphasiques, peuvent encore parler en chantant ou inversement. On conçoit aussi que des
idiots aphasiques puissent également chanter.
On peut même observer chez eux, le chant
spontané comme chez les enfants qui composent parfois des sortes de mélopées d'une naïveté curieuse.

Ces modulations spontanées de l'enfant, idiot
ou non, comme celles des peuples primitifs,
sont atoniques et sans cadence. La cadence
apparaît la première; la notion des tonalités
différenciées vient ensuite.

Les rapports intimes existant entre la modulation et la cadence, ont d'ailleurs servi de
point d'appui à la théorie qui voit dans la
cadence poétique, un dérivé de l'instinct mélodique.

On pourrait, peut-être, rapprocher des dispositions si nettes de nombre d'idiots pour la musique, la tendance non moins curieuse d'un grand nombre de débiles aliénés, à s'exprimer en vers, ou tout au moins, en phrases coupées assonnantes qui en rappellent la cadence rythmique.

La poésie et la musique étaient unies dans la primitive métrique et le nombre des vers a quelque chose de la cadence du chant. Certains chansonniers composent l'air en même temps que les paroles, comme si, pour eux, la note avec sa hauteur et sa durée, devenait l'équivalent du mot, dans la phrase qui traduit leur sentiment.

Quoi qu'il en soit, l'idiot comme l'enfant, peuvent arriver à saisir assez facilement la tonalité et la mesure; il est même curieux de voir avec quel juste sentiment, ils observent l'une et l'autre, parfois, alors qu'ils sont incapables d'attention et d'actes simples. Ils mettent une plus grande difficulté à retenir les modulations en mineur; cela proviendrait-il d'une compréhension plus difficile des combinaisons des sons, comparativement au mode majeur? Ou bien cela tiendrait-il à ce que le ton mineur éveille un sentiment de tristesse pénible? L'une et l'autre de ces suppositions est admissible et la première de ces hypothèses n'exclut pas l'autre.

En ce qui concerne la propriété expressive différente des sons, on distingue depuis longtemps, en musique, les accords majeurs et les accords mineurs.

Do, Mi naturel, Sol, accord fondamental. *Do, Mi bémol* et *Sol,* accord mineur.

Ces deux accords nous paraissent complètement différents, quoique leurs intervalles soient les mêmes et qu'ils n'aient fait qu'échanger leur place.

Pour l'accord *Do, Mi naturel, Sol ;* la *petite tierce Mi, Sol,* vient après la *grande tierce, Do, Mi,* tandis que *Mi bémol, Sol,* vient après la *petite tierce, Do, Mi bémol.*

La différence de ces accords est difficile à spécifier, mais chaque oreille la sent distinctement, et l'on peut dire, à peu près, que l'accord majeur présente quelque chose de clair, de précis, de fini, et produit un sentiment de satisfaction, tandis que l'accord mineur présente un caractère indécis et voilé qui le rend propre à exprimer des sentiments tristes.

La cause acoustique de cette différence réside, comme HELMHOLZ l'a démontré, dans la relation que les tons résultant des accords ont entre eux.

Dans l'accord majeur, les tons résultants, forment une consonnance ; dans l'accord mineur, au contraire, les tons résultants forment une dissonnance, et donnent à cet accord quelque chose d'étrange et de contradictoire, ce qui paraît produire sur notre oreille une impression particulière d'indécision (BERNSTEIN.)

La correspondance entre ces tonalités et un état émotionnel particulier, à chacun d'eux pourrait constituer une indication thérapeutique au moins aussi logique que l'emploi des cellules à vitres colorées que l'on rencontre encore souvent. C'est d'ailleurs, ce qu'avait déjà préconisé Séguin au point de vue spécial de la pédagogie des idiots.

Selon leur tempérament, les races semblent préférer l'une ou l'autre de ces tonalités, dans leurs productions musicales nationales, autant, du moins, que l'on peut en juger par les airs populaires traditionnels.

La musique des primitifs ne serait pas

moins curieuse à étudier à ce point de vue.

Telle convention courante aujourd'hui, est repoussée par les règles d'une autre époque. C'est ainsi que les Grecs et les Romains considéraient la tierce comme dissonnance et l'évitaient dans le chant.

« C'est que, œuvre de l'homme, dit DAURIAC, la musique, comme tout ce qui est humain, change d'âge en âge et de peuple à peuple.

« Contemporain d'Orphée ou d'un de ses disciples, BEETHOVEN n'aurait pas trouvé le chant de sa sonate en *Ut dièse mineur.* »

« Le Dr HUGO-MAGNUS a écrit sur l'évolution du sens des couleurs un petit livre clair, curieux, suggestif. Combien, peut-être, n'y aurait-il pas plus à dire, sur l'évolution du sens des sons ? Partie avec la cadence poétique d'une origine commune, la musique tend à s'affranchir de plus en plus de cette cadence et à prendre de l'extension au delà des limites de la tonalité et de la consonnance classique.

Cependant la musique, art de charmer l'oreille, n'est pas un art de pure convention ; elle repose sur l'application de grands principes autres que les fantaisies de la mode.

Il serait curieux de comparer à ce point de vue, les primitifs à l'enfant et à l'idiot, pour voir s'ils se conforment à quelque loi simple commune. Mais la question est du reste extrêmement complexe, car, à côté des lois mathématiques de la physique acoustique, la musique, comme le langage, est un mode d'expression reposant sur des associations d'idées, c'est-à-dire sur une éducation et des conventions particulières.

De toutes façons une mélodie chantée est une suite de sons ; or, une suite est tout autre chose qu'une *succession*. Pour jouer « un air » sur le piano, il ne suffit pas de faire courir ses doigts sur le clavier ; les enfants ou idiots qui s'essaient à improviser, en font visiblement parfois l'expérience. Ce qu'ils jouent ainsi *ne signifie rien*, et on peut voir souvent que, d'eux-mêmes, ils s'en aperçoivent. Pour former une « suite mélodique », la succession des notes ne doit pas être laissée à l'arbitraire. Certaines règles s'imposent, auxquelles on obéit, le plus souvent sans les connaître, mais il faut y obéir.

Après une période où l'enfant module indifféremment, comme il articule, sans cohérence,

il saisit les rapports naturels ou conventionnels qui régissent les associations musicales
des sons et s'y conforme. L'idiot fait de même
souvent, ce qui implique qu'il ait saisi et comparé ces rapports relatifs. Or, cette opération
paraît se faire chez lui instinctivement, dans
les cas fréquents, où l'idiot musicien ne parle
pas.

« D'une façon générale, dit STAMPF, la sûreté avec laquelle on compare deux sons varie en raison directe de leur différence. »

La sensibilité varie de personne à personne ;
de là vient que des différences identiques entre les sons de même région, donnent lieu à
des différences d'appréciations. Pierre jugera
autrement que Paul ; Paul jugera demain autrement qu'aujourd'hui, quoiqu'il n'y ait rien
de changé dans l'excitation.

Notons, en outre, et cela résulte des remar-
ques précédentes, que les jugements d'intensité comportent plus d'erreurs que les jugements de qualité.

La durée des sons, l'intervalle entre eux,
leur position respective dans le temps, sont
autant de facteurs, dont les jugements subissent l'influence.

Si on attache au terme *son,* une signification subjective, celle de sensation sonore, il est clair que, plus un son durera, plus le jugement provoqué aura de chances d'être sûr.

L'intervalle de temps qui sépare deux sensations successives, influe sur l'analyse de ces sensations et sur les jugements qui en résultent.

Enfin, la certitude du jugement n'est pas la même, suivant que le premier des sons entendus, est le plus ou le moins haut. La mémoire ne retient pas également bien les sons bas et les sons hauts.

Puisque la durée d'un son grave, est plus grande que celle d'un son aigu, le jugement d'intervalle différera, suivant qu'on aura fait entendre, tout d'abord, le plus ou le moins grave des deux sons.

Ces grands principes de la tonpsychologie trouvent leur confirmation dans l'examen de l'audition des idiots, avec cette nuance que, les intervalles minima des différences perceptibles, sont augmentés ainsi que la durée nécessaire pour que les sons soient plus facilement reconnus et différentiés.

En revanche, l'étendue de la gamme des sons perçus est moindre pour les idiots, peu perfectibles, comme d'ailleurs, pour les gens dont l'acuité auditive n'est pas perfectionnée par l'exercice.

Le minimum des notes basse est alors proportionnellement plus relevé, que le maximum aigu n'est abaissé, les notes claires du médium restant les mieux perçues, sauf le cas de lacunes tonales.

L'existence de ces lacunes peut rendre impossible la différenciation de deux sons, l'une des notes n'étant pas perçue.

Même quand il n'existe pas de lacune auditive, la reconnaissance d'un son et des notes voisines peut être défectueuse chez les imbéciles, de même que pour la sphère visuelle, le choix des laines de HOLMGREEN.

A côté du champ d'audition en surface il y a un champ auditif en profondeur (distance) et un champ acoustique en étendue des sons; les altérations morbides fonctionnelles de cet ordre chez certains dégénérés représentent les équivalents respectifs des hémiopies et hémianopsies (hémiacousies) de l'acuité sensitive restreinte et de la dyschromatopsie (dysacousie tonale).

Si les impressions auditives sont transmises

aux centres nerveux dans des conditions à peu
près normales, il se peut que les irradiations
insolites s'ensuivent, décelant, à ce point de
vue encore, un fonctionnement anormal en
rapport avec des connexions centrales pathologiques.

Nous arrivons ainsi graduellement aux troubles subjectifs de l'audition, qui constituent
déjà de véritables stigmates dégénératifs psy-
chiques à l'état naissant. Ceux que l'on a généralement décrits et que nous décrirons sous
le titre d'hyperacousie, ne consistent pas,
d'ailleurs, en une sensibilité plus exquise des
sens, mais en réactions exagérées, ainsi que
nous allons le voir, vis-à-vis d'excitations ba-
nales recueillies par des récepteurs périphériques normaux.

CHAPITRE II

L'AUDITION MORBIDE PAR EXCÈS
(HYPERACOUSIE)

L'hyperacousie ne consiste pas en une acuité plus grande de l'organe sensoriel, mais en une réaction disproportionnée du cerveau à une excitation banale. On peut comparer ces phénomènes à la photophobie pour l'œil, et aux troubles visuels dégénératifs.

D'une façon générale on peut dire que l'ouïe peut être, comme tout autre sens, la voie de conduction, par où une excitation quelconque vient éveiller les réactions morbides classées sous le titre de syndromes épisodiques et d'obsessions. Les associations morbides de sensations subjectives (pseudesthésies de MENDOZA) peuvent être rapprochées de ces cas, ainsi que

des phénomènes d'hallucinations obsédantes.
L'audition colorée, peut être comparée à une
obsession hallucinatoire.

Un phénomène méritant d'être appelé hyperacousie, s'observe quelquefois dans les différentes affections cérébrales (*hémorragie,
tumeurs, paralysie générale*). Il consiste en
une exagération de l'intensité subjective du
son; un frôlement, la chute d'une épingle sur
la table, le tic-tac d'une montre, sont perçus
comme des bruits intenses, comme des gron-
dements formidables; mais l'examen objectif
montre que, même dans ces cas, l'acuité auditive n'est nullement exagérée; l'expérience
montre que le sujet qui en est atteint ne diffé-
rentie pas mieux les sons de diverses intensités,
et il n'entend pas les sons d'intensité moindre
que le minimum du son perceptible à un sujet normal. L'hyperacousie n'est que subjective.

Le même phénomène a été signalé comme
stigmate psychique chez le dégénéré; la question a fait l'objet d'une communication à l'A-
cadémie de Médecine de Paris en 1891. En
d'autres cas ce syndrome peut s'observer
en dehors de la dégénérescence congénitale

mais comme signe prémonitoire d'une encéphalite imminente ou trouble précurseur d'une altération commencée.

« Le bruit, hélas, dit EDMOND DE GONCOURT dans une note aux *Lettres* de son frère, était devenu également *une obsession* chez mon pauvre frère, disant qu'il lui semblait avoir une « oreille dans le creux de l'estomac ». Et vraiment le bruit avait pris et prenait, à mesure qu'il était plus malade, ainsi que dans une fièvre à la fois ridicule et mortelle, le caractère d'une persécution des choses et des milieux de sa vie...

« Cette persécution du bruit avait fait esquisser à mon frère, dans ses insomnies de la nuit, un conte sinistre... Dans son récit, c'était un homme éternellement poursuivi par le bruit, et allant des appartements qu'il loue, des maisons qu'il achète, des forêts où il campe, des forêts comme la forêt de Fontainebleau où il est réveillé par la corne du *corneur* des biches, de l'intérieur des Pyramides où il s'est réfugié, de l'intérieur des Pyramides assourdies par le bruit des grillons ; allant toujours au silence... et finissant par se tuer pour rencontrer le silence du suprême repos... et ne le trouvant pas encore : — le bruit des vers l'empêche de dormir. »

Nous trouvons dans une lettre de JULES DE GONCOURT lui-même cette phrase si caractéristique :

« Oh! le bruit, le bruit, le bruit! Je ne peux supporter les oiseaux! J'en arrive à leur crier comme Débureau au rossignol : Veux-tu te taire, vilaine bête! » (Lettres de J. DE GONCOURT, Paris, 1885).

On sait d'autre part qu'on a voulu ranger au nombre des stigmates cette disposition spéciale qu'ont certaines personnes à une réaction émotionnelle particulière à l'audition de tel ou tel bruit (bruit du verre que l'on raye ou d'un morceau de bouchon que l'on coupe). On peut comparer ces phénomènes auditifs à la photophobie pour l'œil et à certaines perturbations de la sphère visuelle étudiées chez les dégénérés du service de CHARCOT, par PARINAUD. C'est une sorte de mégalécie comparable à leur mégalopsie, qui consiste à voir les objets se rapprochant et grossissant démesurément. Le contrepied de ce phénomène consiste pour la vision, dans la micropsie dans laquelle, au contraire, les objets semblent s'éloigner et se rapetisser progressivement. Les deux phénonèmes peuvent se combiner d'ailleurs, les objets semblant se déplacer dans l'espace, se rapprochant et s'éloignant tour à tour (micromégalopsie).

On peut observer des phénomènes analogues pour l'ouïe chez certains dégénérés.

Un de nos malades, mélancolique, ne reconnaît même plus le son de sa voix, par instants, tant elle lui paraît venir de loin; le bruit paraît se perdre dans l'espace, sans pouvoir atteindre l'oreille des interlocuteurs, dont les réponses sont aussi difficilement perçues (microacousie).

D'autres fois, le son semble alternativement s'éteindre, puis acquérir une intensité énorme, insolite (micromégalécie).

Ce phénomène peut ici encore, porter sur la voix entendue par le malade, ou sur la sienne propre (autophobie).

Assez souvent; ces troubles hyperesthésiques de l'audition ne sont que transitoires et préludent à une altération spéciale de l'ouïe par surdité plus ou moins complète.

Parfois, la perception correcte des sons et de leurs caractères musicaux, existe par la

voie osseuse, alors que l'audition des mêmes sons est fausse par la voie aérienne.
Ce sont les cas où l'audition est faussée sans être pour cela augmentée ou diminuée (dysacousie).

Urbantschisch a même essayé de fonder sur cette dissociation, une méthode de diagnostic[1].

Chez presque tous les hommes, la sensibilité des deux oreilles n'est pas égale, l'oreille droite percevant les mêmes sons plus haut que l'oreille gauche, il s'ensuit, comme pour l'amblyopie secondaire des diplopiques, une tendance à la neutralisation de l'une des deux impressions, de là une atténuation dans l'excitabilité du côté dont le cerveau tient moins compte.

Il paraît pouvoir se faire dans le cerveau du dégénéré le même travail instinctif pour acquérir l'audition unique, malgré le dédou-

---

1. D'après Urbantschisch, on peut reconnaître que la lésion est labyrinthique, au moyen de la perception par l'air, ou par le crâne; s'il arrive en effet, qu'un son soit entendu faux par l'air, et naturel par la voie osseuse la lésion est extra-labyrinthique, et est, évidemment, la cause de la dissonance (cas de Wolf).

On a objecté qu'on n'interroge pas directement la sensibilité du nerf, par la perception crânienne, car, en modifiant les conditions dans lesquelles se trouvent la fenêtre ovale et l'étrier, on fait varier à volonté les résultats de l'épreuve.

blement de l'impression sonore. Il peut en résulter une paracousie ou viciation de la justesse de l'audition musicale si l'impression neutralisée était la plus correcte.

GRANT ALLEN cite le cas d'un malade de 30 ans qui, au piano, distinguait les sons aigus des sons graves, mais confondait l'une avec l'autre deux notes voisines.

C'est que chacune des deux oreilles peut percevoir un son différent, jusqu'à plus d'un quart de ton. De là, confusion possible entre deux notes contenues dans cet intervalle.

D'autres fois, il y a diplacousie, la différence des deux sons perçus avec une impression unique, pouvant être d'une octave.

Outre la variation d'individu à individu pour l'aptitude à distinguer les sons, il y a encore une facilité plus ou moins grande à s'en souvenir ; tantôt l'incapacité à reproduire les modulations tient à ce qu'elles sont mal perçues, tantôt elle en est indépendante. (Aphasie vocale chantée).

Un de nos malades prétend chanter et ne produit qu'un brédouillement informe de notes fausses ; mais il est sourd et n'a pu entendre chanter juste.

Au contraire, nous connaissons un musicien de profession, virtuose même sur un instrument à cordes, qui est parfaitement incapable de reproduire à l'aide de la voix, une modulation juste. L'oreille est juste; la souplesse du larynx défectueuse.

On pourrait invoquer ces faits pour soutenir que c'est l'oreille qui guide la voix, plutôt que la voix ne guide l'oreille, autrement les sourds chanteraient juste. (V. DAURIAC, Musique intérieure Rev. Phil., 91).

Lorsque les phénomènes de dédoublement subjectif, se bornent au fait d'entendre deux sons, à l'occasion d'un seul bruit, c'est la *diplacousie bi-auriculaire*.

Mais la polyécie peut se produire indépendamment de l'audition par une seule ou deux oreilles, un bruit éveillant plusieurs ébranlements successifs dans le centre cortical correspondant et produisant plusieurs sensations successives, sans différence d'une oreille à l'autre.

URBANTSCHISCH a signalé la forme dans laquelle le dernier mot d'une phrase est entendu deux fois, coup sur coup, (redoublement).

Depuis, on a signalé des cas où la répéti-

5

tion a lieu un très grand nombre de fois, comme un écho multiple [1].

Au lieu de l'irradiation d'un centre sensitivo-sensoriel aux zones motrices et inversement, l'excitation peut aussi se propager à un centre voisin sensitif sans sortir de la zone latente. C'est alors que se produisent ces curieuses associations subjectives, auxquelles on a donné le nom d'audition colorée (*Société de Biologie* novembre 1891, FÉRÉ, DEJERINE, SOLLIER). Nous arrivons ainsi à la chromoacousie qui nous intéresse plus spécialement.

Audition colorée. — Depuis la thèse de MILLET et les anciens travaux français et étrangers sur la question, l'audition colorée a fait l'objet de plusieurs études des plus intéressantes. Il n'entre pas dans notre but d'en entreprendre la critique; nous rappellerons que M. SUAREZ DE MENDOZA en a fait une synthèse où il a cherché à grouper scientifiquement les faits épars.

— Pour lui le phénomène est une pseudesthé-

---

1. « J'entends les nombres indéfiniment, dit INAUDI, » mon oreille les retient, je les sens résonner en moi » avec le timbre de ma propre voix et je continuerai à » les entendre retentir ainsi pendant la journée... Quand » je voudrai penser au nombre énoncé, je pourrai l'évo- » quer à mon oreille et le répéter exactement. »

sie dont il existe autant de variétés que de sens,
d'où :

- pseudo-photesthésie (vision colorée)
- pseudo-phiolonesthésie, (olfaction)
- — gousesthésie (gustation)
- — acouesthésie (audition)
- — apsiesthésie (tact)

Chacune de ces sensations subjectives pouvant être éveillée par l'un quelconque des sens réellement excité, il s'ensuit des sous variétés analogues.

L'auteur précédent ajoute même sous le nom d'idéation colorée un phénomène qui pourrait bien être lié à la sensibilité musculaire et réductible en un phénomène psycho-moteur et non purement psychique.

La plupart des observations classiques peuvent se diviser en deux groupes :

1° Celles où le facteur pathologique est évident; exemple: cas d'hystérie de GRAZZI et FRANCESCHINI.

2° Celles où le facteur prédisposition héréditaire est non moins net; ex: thèse de SACHS D'ERLANNER sur son cas et celui de sa sœur (1812),
— cas des frères NUSSBAUMER et TURBARCHI.

— Tel est encore le cas de la famille citée

par M. Louvet : le père âgé de 50 ans, ancien officier ; la mère qui éprouve des sensations lumineuses analogues à celles de son mari, quoique moins marquées et l'enfant qui soit par hérédité, soit par habitude d'entendre les appréciations de ses parents sur la couleur des sons présente une ébauche du même phénomène. En poussant plus loin l'analyse, on s'aperçoit que la couleur des chiffres et des mots dépend de celle des lettres composantes et que c'est par conséquent l'alphabet qui est coloré.

Enfin une dernière observation c'est que les consonnes n'ont que des teintes pâles et effacées et que la coloration du langage dérive directement des voyelles.

Les consonnes sont en quelque sorte les parties ombrées du tableau et cela est surtout net pour les syllabes dont la couleur résulte de la voyelle atténuée plus ou moins par la consonne gris terne. Dans les diphtongues les colorations résultantes sont généralement mixtes mais plus claires, résultant de deux voyelles composantes.

Ces données cadrent assez avec ce que l'on sait de l'audition des sons voyelles et con-

sonnes qui correspondent bien effectivement
à des vibrations diverses plus aiguës pour
les premières, aussi les voit-on plus ou moins
bien saisies par l'enfant normal et l'idiot
adulte. Quant aux couleurs associées aux
différentes lettres elles sont essentiellement
variables comme ont peut le voir par le tableau statistique joint à l'appendice.

Au point de vue théorique les uns, avec
Nussbaumer n'ont vu dans ces phénomènes
qu'une exagération de la sensibilité des centres chromatiques, déterminant une con-
nexion intime entre le sens chromatique et le
sens acoustique chez des personnes qui, dès
leur jeunesse, ont comparé les sons aux couleurs. D'autres avec Bleuler, ont attribué cette
faculté à une erreur de l'esprit. MM. Pourchet
et Tourneux croient que cette bizarrerie des
sons est due au trajet anormal des fibres nerveuses de l'oreille, se rendant aux centres
perceptifs, exclusivement affectés ordinairement par les fibres du nerf optique. M. le
professeur Lussana admet que l'organe de la
notion des sons et celui de la perception des
couleurs résident ensemble dans deux circonvolutions contiguës et qui, chez certains su-

jets, se trouvent parfois réunies par une anastomose, disposition qu'il a même représentée
dans une figure de son mémoire sur la physiologie des couleurs :

« Il existerait alors, dit à ce propos BARA-
TOUX une anastomose non constante qui réu-
nirait la petite circonvolution cérébrale sus-
orbitaire de l'organe de la notion du son
(GALL) à la circonvolution sus-orbitaire de
l'organe de la notion des couleurs. » (De l'audition colorée, S. BARATOUX.) Voir *Progrès médical* (p. 558-515-517. 24 décembre 1887.)

Que si dans le passage précédent on supprime
les mots sus-orbitaire, l'opinion de LUSSANA est
encore aujourd'hui très soutenable. C'est qu'en
effet beaucoup de faits portent à croire que les
sensations subjectives en question résultent
d'associations anormales dont le substratum
organique peut être une anomalie de fibres
commissurales d'un centre sensoriel à l'autre.

Dans une clinique ophtalmologique nous
avons eu l'idée d'interroger quelques opérés
de cataracte présentant ce phénomène si fréquent des troubles hallucinatoires liés à l'oc-
clusion binoculaire. Plusieurs opérés se sont
plaints d'éprouver d'abord, dans les premiers

jours qui suivirent l'opération, des sortes de
chromophotosphènes subjectives. C'était particulièrement à l'audition brusque d'un fort
timbre électrique annonçant les heures des
repas que ce phénomène se reproduisait. Au
début c'était une sensation visuelle de simple
lumière blanche ; puis vint l'hallucination
des couleurs du prisme, à lumière irisée, à
dominante variable. Il nous semble que dans
ces cas il pourrait y avoir une réaction ocu-
laire post-opératoire du côté des cônes et bâtonnets correspondant aux couleurs fondamen-
tales ce qui expliquerait les dominantes de
couleur variable selon les différences de siège
ou de degré de réaction neuro-rétinienne.
Nous poursuivons des recherches analogues
sur les phénomènes photogéniques réflexes
d'origine non plus auditive, mais tactile, ol-
factive, gustative, etc.

Le sujet qui présentait les phénomènes les
plus nets était un musicien de profession. Il
serait curieux d'étudier à l'occasion sur un
sujet semblable les fluctuations de cette audition colorée expérimentale élémentaire en
rapport avec les variations d'intensité et de
fréquence des vibrations acoustiques.

Pour rester sur le terrain clinique, nous devons encore montrer que ces phénomènes se rencontrent chez les aliénés et les dégénérés ; dès lors on est en droit, pensons-nous, de les considérer comme fréquemment pathologiques, bien que cependant ils ne le soient pas par leur nature elle-même.

Nous donnerons aussi, tels quels les documents littéraires contemporains que nous avons recueillis chemin faisant, à titre de documents complémentaires.

Les aliénistes connaissent des cas morbides d'associations analogues.

« Chez les hallucinés, dit SCHULE, (p. 134 trad. DUHAMEL et DAGONET, les voix produisent souvent toutes sortes d'images. Elles font voir au malade des corps informes, tels que des pierres, des morceaux de bois et de métal ; certains prétendent apercevoir des voix bleues et cherchent à les saisir... »

Un malade de MM. MAGNAN et SÉRIEUX est persécuté depuis de nombreuses années par l'électricité ; mais les *décharge ont une couleur variable* ; aussi appelle-t-il cela la *teinture électrique*.

Les ennemis qui lui envoient ces singulières

couleurs sont les teinturiers, dont il donne les
noms. Il reçoit aussi des jets de vitriol vert
dans la rue, ou bien il se sent brûlé par des fu-
sées rouges. Chez ces malades on peut observer de plus des néologismes caractéristiques.

Une observation suivie permet de reconnaître
le plus souvent, la constance des couleurs associées à telle ou telle perturbation spéciale des
sens, autres que celui de la vue ; par exemple,
le rouge s'associera à la sensation imaginaire
de brûlure plus ou moins foncé selon l'intensité de ladite brûlure.

Le vert, par contre, sera associé à d'autres
troubles de la sensibilité générale, en dehors
de la sphère thermique.

Un malade persécuté, que nous avons observé, s'exprimait ainsi : « Quand l'électricité
m'arrive dans les oreilles elle m'occasionne
par répercussion dans l'œil, des sensations de
couleurs vives... » Il se croit en effet électrisé
par un « dynamo » dont les charges pénètrent
plus particulièrement dans ses oreilles, ce
dont il cherche a se défendre en se mastiquant
le conduit auditif avec du mastic de vitrier.

Si on lui fait préciser les couleurs évoquées
par les décharges électriques reçues dans l'o-

reille il donne des détails précis. Le maximum
d'intensité lumineuse paraît être la nuit, de
même, qu'une flamme paraît plus claire dans
l'ombre. Les décharges électriques suscitent
dans ses yeux des pointes d'aiguilles en feu,
comme des fulgurations, ce qui lui est une
preuve de la nature électrique de ces phénomènes. C'est bien dans son œil que cela se
passe, car il le perçoit même les yeux fermés. Le jour si on comprime les globes ocu-
laires fermés, on provoque naturellement des
phosphénes dans lesquelles il croit reconnaître la vision lumineuse des persécuteurs. En
dehors de toute compression, le phénomène
peut être plus ou moins atténué et la lueur
plus ou moins marquée selon la force des
décharges, c'est-à-dire selon l'intensité du
trouble hallucinatoire auriculaire.

Le « dynamo », source des décharges électriques, produit un ronflement effrayant plus
ou moins aigu; le timbre variable de l'instrument correspondrait aux différentes nuances de couleurs perçues, depuis le violet som-
bre jusqu'au rouge de feu.

Au degré maximum, les persécuteurs produisent une véritable fantasmagorie; sur les

couleurs vives ainsi produites, se détachent
des silhouettes plus sombres, des visions de
nègres, des hommes barbus, des femmes en
corset noir, etc.; à cette phase, il semble que
l'éréthisme se généralise; la sphère génitale
peut entrer en jeu (érections); évocation
de toutes pièces de tableaux vécus antérieu-
rement; rappel de faits anciens sous forme
de reproduction d'images visuelles accom-
pagnées parfois d'hallucinations complexes
auxquelles participent toutes les sphères sen-
sitives sensorielles; on lui fait alors revivre
le passé, ses relations avec sa femme, depuis
le début de son mariage, les événements de
son congé militaire et tous les faits depuis
l'âge de 12 ans. C'est une sorte de délire
rétrograde avec hallucinations palaingnosti-
ques. Mais toujours ces phénomènes sont sus-
cités par l'arrivée du courant électrique dans
les oreilles, ils sont en quelque sorte, secondaires, par rapport à ce trouble primitif, et
tandis que le malade affirme l'électrisation
réelle de son oreille, il considère comme hallucinatoires les visions de couleurs ou de per-
sonnages. « On lui fait voir telle chose ou telle
teinte qu'il traite de fantasmagories, tandis

qu'il affirme l'existence du dynamo qui électrise son oreille ; c'est d'ailleurs de ce côté seulement qu'il emploie des moyens de défense » (mastic dans l'oreille).

Quelquefois le courant lui est envoyé dans le nez, alors il ne voit rien, mais éprouve seulement des contractions des paupières (Blépharospasme.)

L'électricité a une odeur et un goût indéfinissables. Il sent cette odeur et ce goût même quand le courant entre par l'oreille, lorsque l'électricité est en grande quantité, alors il se sent gonfler, l'estomac en est disloqué, il étouffe, le courant peut sortir par l'anus, tout son corps est alors torturé, ses jambes et ses bras se contractent, il ne peut plus marcher, il ne peut plus écrire (crampe des écrivains).

« Par la télégraphie optique combinée à l'action du dynamo dans l'oreille, ils opèrent parfois la dictée chromatique. » Pendant qu'il rédige par exemple, une lettre dénonçant ses abominables tortures, sa vue se brouille, son bras s'engourdit, on lui fait alors passer devant les yeux des couleurs variées auxquelles correspondent des lettres que sa main retrace machinalement et qui forment une autre rédaction dans la sienne ; c'est le plus souvent, une réplique à la phrase qu'il vient de mettre, l'écriture en est un peu différente ; par exemple, après avoir minutieusement décrit les épouvantables tortures qu'on vient de lui faire subir dans sa baignoire, au bain, il signe : « L. G. persécuté et exécuté tous les lundis, de terribles et cruelles expériences électriques sur moi... depuis 39 mois... et nous espérons encore en faire des expériences et te faire souffrir effroyablement dans les contorsions et les contractions » etc. (suivent des insultes et l'annonce de souffrances nouvelles pour le jour suivant avec détail de ce qu'on lui fera subir, ce qui ne manque jamais de se réaliser à l'heure dite.)

C'est alors de la pseudo-photesthésie associée aux lettres écrites, c'est-à-dire à la sensibilité musculaire de la motilité graphique ; encore le phénomène ne se présente t'il que lié à l'automatisme graphique, l'écriture volontaire et spontanée ne s'accompagne pas de vision colorée pas plus que l'articulation verbale des lettres.

Une autre de nos malades présente des hallucinations complexes où un trouble de la sensibilité générale éveille secondairement des troubles analogues des sphères olfactives et visuelles.

On lui envoie par le plafond sur la tête des *pestes coupantes* qui lui labourent le cuir chevelu, aussi se coiffe-t-elle d'une casserole métallique pour s'en défendre. Les pestes l'empoisonnent en répandant ensuite une odeur repoussante ; elles les voit vertes ou rouges lorsqu'elles lui tombent sur la tête.

Chez les malades précédents, le phénomène se rencontre intimement incorporé au délire, et est moins facile à reconnaître, mais on peut le rencontrer à l'état de simplicité. Or, ce n'est pas chez des individus cultivés comme on pourrait le croire, mais chez des dégénérés à mentalité inférieure parfois. C'est ainsi que nous en avons trouvé un cas dans un malade du service de M. le docteur Dubuisson de Sainte-Anne. C'est un dément précoce sans conceptions délirantes caractérisées liées au phénomène qui nous occupe. Sur notre prière il a écrit de sa main les couleurs qu'il attribuait aux voyelles entendues.

On remarquera que le malade a d'abord oublié l'é accentué, il a surchargé son premier

mot et a récrit plus loin la lettre i, avec la
même couleur que la première fois et soulignée
(rouge). Ce document nous a paru intéres-
sant à produire dans sa naïveté, en voici la
teneur sans commentaires.

Pour N.,   a . . . est. . . Noir
               e , ... Gris
               i . . . . Blanc
               o . . . . Jaune
               u . . . . Bleu

De ce qui précède, il nous paraît ressortir
une fois de plus que les pseudo-synesthésies du
genre de l'audition colorée ne sont pas le produit d'un jeu de l'imagination, mais bien celui de phénomènes psychologiques réels que
l'on peut rencontrer en pathologie mentale à
l'état simple ou incorporés aux troubles psy-
chopathiques.

Un curieux document littéraire sur la
question nous est fourni par Léon Golzan.

« Comme je suis un peu fou, écrivait le si
spirituel écrivain, j'ai toujours rapporté, je
ne sais trop pourquoi, à une couleur ou à une
nuance les sensations diverses que j'éprouve.
Ainsi, pour moi, la pitié est bleu-tendre, la

résignation est gris-perle, la joie est vert-
pomme, la satiété est café-au-lait, le plaisir
rose-velouté, le sommeil est fumée-de-tabac,
la réflexion est orange, la douleur est couleur
de suie, l'ennui est chocolat. Le pensée pénible d'avoir un billet à payer est mine-de-
plomb, l'argent à recevoir est rouge cha-
toyant ou diablotin. Le jour du terme est
couleur de Sienne — vilaine couleur ! — Aller
à un premier rendez-vous, couleur thé léger ;
à un vingtième, thé chargé. Quant au bon-
heur... couleur que je ne connais pas ! »

On pourra nous dire que ce morceau intéresse la délicate question des synesthésies
plutôt que celle de l'audition colorée proprement dite. Mais, outre le plaisir intellectuel
qu'il y a à le rappeler, il a mis en pleine lumière ces phénomènes de correspondance dont
nous devions nous occuper.

M. JULES LEMAITRE rappelle à ce propos l'impression de fraîcheur et de paix contenue dans
ce vers de VIRGILE :

Pascitur in silva magna formosa juvenca.

Les sons, dit cet auteur, peuvent être écla-
tants ou effacés comme les couleurs, tristes

ou joyeux comme les sentiments. « Mais, ajoute-t-il en parlant des poètes symbolistes on pensait que ces ressemblances et ces rapports sont un peu fuyants, n'ont rien de constant ni de rigoureux et qu'ils nous sont, pour le moins indiqués par le sens des mots qui composent la phrase musicale.

« Or écoutez bien! Pour ces messieurs,

- a est noir
- e — blanc
- i — bleu
- o — rouge
- u — jaune

« Et le noir, c'est l'orgue

- le blanc — la harpe
- le bleu — le violon
- le rouge — la trompette
- le jaune — la flûte

« Et l'orgue exprime la monotonie, le doute et la souplesse (*sic*),

- la harpe la sérénité
- le violon la passion et la prière
- la trompette la gloire et l'ovation
- la flûte l'ingénuité et le sourire » [1]

1. J. LEMAITRE, *Revue politique et littéraire*, 1888, n. 1.

Dans une autre étude, M. JULES LEMAITRE donne la description d'une représentation du Cantique des Cantiques en 8 tableaux, au Théâtre d'Art.

« A chaque tableau, ce décor s'éclaire d'une couleur différente et à cette couleur correspond le ton de la musique qui accompagne le récitatif; et à ce ton correspond un parfum : il y a pour cela des vaporisateurs dans la coulisse : Exemple : (Programme).

« Première devise : orchestration du verbe en i luminé de l'o (cela veut dire sans doute que les voyelles i et o dominent ici dans le récitatif.)

« Orchestration, de la *musique, en* do; de la *couleur, en pourpre* claire; du *parfum encens.*

« Je dois confesser que pas un moment je n'ai saisi comme nécessaire ou seulement comme naturelle, ces concordances de sons, de tons, de couleur et d'odeur.

« J'en conclus seulement... que j'ai les sens un peu grossiers. » J. LEMAITRE. (La dernière représentation du théâtre d'Art, 20 décembre 1891).

Dans un autre récitatif « luminé d'i », le

décor est orangé, la symphonie en ré et le parfum violette blanche.

— URBANTSCHICH rapporte l'opinion répandue parmi les musiciens de l'Opéra de Vienne, concernant l'influence des couleurs sur les vibrations musicales (rouge, vert, bleu, et jaune élèvent les sons d'un coma, le violet les abaisserait d'autant.)

Nous ne prétendons pas, malgré ces exagérations, que l'audition colorée et les plans phénomènes de synesthésie analogue soient fatalement pathologiques. Des écrivains du plus grand talent en ont exprimé une traduction littéraire incontestablement artistique.

Et j'ai trouvé des mots vermeils
Pour rendre la couleur des roses.

(Th. de BANVILLE.)

On connaît le fameux sonnet de BAUDELAIRE :

Les parfums, les couleurs et les sons se répondent,
Il est des parfums frais comme des chairs d'enfants,
Doux comme les hautbois, verts comme les prairies.

A l'étranger le poète anglais n'a-t-il pas dit dans *la Plante sensitive.*

Des fleurettes aux cloches pâles
s'échappe un suave carillon,
d'une musique tellement délicate,

tellement douce et tellement intense
qu'elle pénètre tous les sens comme
un parfum.

(SHELLEY.)

Dans la pratique des laboratoires, suivant PIESSE on établi une correspondance pratique des parfums aux notes. Exemple :

sol — violette
fa — tubéreuse
do — jasmin
mi — verveine, etc.

On arrive ainsi à compo-
ser des accords olfactifs
analogues aux accords mu-
sicaux. Ex:

fa ^{1} — musc
do — rose
fa ^{2} — tubéreuse
la — fève touka
do — camphre
fa ^{3} — jonquille

L'auteur établit des interférences corres-pondant aux dissonnances, ex : « *Acide acéti-que* + *ammoniaque* = O. »

On pourrait même dresser une progression décroissante de l'intensité d'absorption des corps pour les odeurs suivant leur couleur ex : 1 noir, 2 bleu, 3 vert, 4 rouge, 5 jaune, 6 blanc. (Les Parfums. — Ed. G. BAILLÈRES.)

Mais le poète décadent ARTHUR RIMBAUD a donné, au point de vue littéraire, un éclatant renouveau à la question par son fameux son-

net que nous ne pouvons pas ne pas reproduire.

SONNET DES VOYELLES

A noir, E blanc, I rouge, U vert, O bleu, voyelles,
Je dirai quelque jour vos naissances latentes.
A, noir corset velu de mouches éclatantes,
Qui bourbillent autour de puanteurs cruelles.

Golfes d'ombre ; E, candeur des vapeurs et des tentes,
Lance des glaciers fiers, rois blancs, frissons d'ombelles ;
I, pourpre, sang craché, rire des lèvres belles
Dans la colère ou les ivresses pénitentes ;

U, cycles, vibrements divins des mers virides,
Paix des pâtis semés d'animaux, paix des rides
Que l'alchimie imprime aux grands fronts studieux ;

O, suprême Clairon plein de strideurs étranges,
Silences traversés des Mondes et des Anges :
O l'Oméga, rayon violet de Ses Yeux !

M. René Ghill dans son *Traité du Verbe,*
critique les soi-disant erreurs de Rimbaud
le poète maudit.

« Et d'Arthur Rimbaud, la vision doit être
revue, ne l'exigerait que l'erreur sans pitié
d'avoir sous la voyelle si évidemment simple, l'*U*, mis en couleur composée, le vert.

« Colorées ainsi se prouvent à mon regard

exempt d'antérieur aveuglement les cinq.

A noir, *E* blanc, *I* bleu, *O* rouge, *U* jaune. »

Il rattache à différents instruments les diphtongues : « IE, et IEU, seront pour les violons angoissés; — OU, IOU, UI, et OUI, seront pour les flûtes aprilines; AE, OE, pour les harpes rassérénant les cieux; OI, ION, ON, pour les cuivres glorieux; IA, EA, OA, UA, OUA pour les orgues hiératiques. »

HUYSMANS, dans son roman, *A rebours*, met en scène Jean des Esseintes, qui se plaît au goût de la musique.

« Chaque liqueur, selon lui, correspondait au son d'un instrument. Le curaçao sec, par exemple, correspondait à la clarinette dont le chant est aigrelet et velouté; le kummel, au hautbois, dont le timbre sonore nasille; le kirsch, sonne furieusement de la trompette; le gin et le whiskey emportent le palais avec leurs stridents éclats de piston et de trombone.... Il pensait aussi que des quatuors d'instruments à cordes pouvaient fonctionner sous la voûte palatine, avec le violon représentant la vieille eau-de-vie fumeuse et fine, aiguë et frêle; avec l'alto simulé par un rhum plus robuste, plus ronflant, plus sourd, avec

le vespétro déchirant et prolongé, mélancolique et caressant comme le violoncelle, avec
la contre-basse corsée, solide et noire comme
un vieux bitter. Il était parvenu, grâce à
d'érudites expériences, à se jouer sur la lan-
gue, de silencieuses mélodies, de muettes mar-
ches funèbres à grand spectacle, à entendre
dans sa bouche, des soli de menthe, des duos
de vespétro et de rhum. Il composait lui-
même des mélodies, exécutant des pastorales
avec le bénin cassis, qui lui faisait roulader
dans la gorge des chants emperlés de rossignol ; avec le tendre cacao-chouva, qui fredon-
nait de tendres bergerades, telles que (les ro-
mances d'Estelle) et les (Ah ! vous dirai-je
maman,) du temps jadis. »

M. BINET [1] rappelle que : « Les rimes en (*an*),
dit un correspondant, comme (France,) es-
pérance, ont pris la couleur de l'orange. Tous
ces mots forment une famille, la famille des
choses belles ; le son (*an*) paraît le plus aris-
tocratique, le plus sonore... et voyez combien
d'autres mots sont associés au même sentiment : *frange* ; je vois des franges d'or fauve,

1. *Revue des Deux-Mondes,* octobre 1892.

des bords de nuages éclairés par le soleil couchant, des couleurs éclatantes ; *ange* est encore un mot qui s'accompagne d'admiration. »

Même filiation pour le blanc de l'*o*) :

« Le mot bien nommé qui donne la couleur aux autres, c'est *flots*. Avec matelots, nous voilà dans la marine et dans l'écume, qui *bou*illonne, qui *mou*tonne. »

De même, pour *ou*, son triste.

« Le son *ou* est d'un blanc mal éclairé ; au lieu de voir de beaux cumulus illuminés et resplendissant de blancheur, je ne vois plus que le *brou*illard épais, la pro*f*ondeur, le gou*ff*re qui s'*ouvr*e. Le mot qui donne sa couleur, c'est *brou*ille ; ce son est sans noblesse, *fou*ille, ba*fou*ille, *grou*ille, bre*dou*ille, boude. Tous ces mots ont un air penaud et confondu et une couleur fond de poche. »

Un dernier exemple, qui marquera bien la genèse de ces associations de couleur et aussi de sentiment.

« (*I*) désigne le brillant, l'éclat métallique ; je pense au d*i*amant noir. (*I*) est bien placé dans les mots c*i*re, pol*i*ssé, v*i*f, p*i*c, vern*i*s, ac*i*er, sc*i*e. Il m'empêche de trouver absurde le mot *noir* qui contient l'*o* blanc. »

En résumé, ce correspondant conclut ainsi :
« Vous voyez comment les noms en (*u*) sont
» devenus noirs, ils ont pris la couleur de la
» fumée ; comme les (*o*) ont pris la couleur
» des flots écumants, comme les (*e*) ont pris
» la couleur des feuilles vertes ; ces mots sont
» associés par un même genre d'impression
» esthétique. »

Hoffmann aussi entendait les couleurs et
les odeurs et voyait les sons [1].

Rappelons enfin que Guy de Maupassant avait
parlé avec éloquence de « ce domaine im-
pénétrable dans lequel chaque artiste essaie
d'entrer, en tourmentant, en violentant, en
épuisant le mécanisme de sa pensée.

« Ceux qui succombent par le cerveau, dit-
il, Heine, Baudelaire, Balzac, Byron, Musset,
Jules de Goncourt et tant d'autres, n'ont-ils
pas été brisés par le même effort pour renver-
ser cette barrière matérielle qui emprisonne
l'intelligence humaine ? »

Deux de ceux dont-il parle et qui ont effectivement vu leur génie sombrer dans l'alié-
nation mentale sont précisément des cas,

---

1. Arvède Barine, *Poètes et névrosés*, p. 26, Hachette, 1907.

d'hyperacousie (J. DE GONCOURT cité plus haut)
et d'audition colorée (Sonnet de BAUDELAIRE).

MAUPASSANT lui-même est venu donner la
douloureuse confirmation de son dire : Si
l'on en croit les divulgations parvenues à la
presse relativement au délire de l'illustre
écrivain, il présentait lui-même des symp-
tômes analogues, aux phénomènes qui nous
occupent; c'était en quelque sorte l'idéation
colorée dont parle SUAREZ DE MENDOZA, mais
avec le délire en plus.

Qu'on en juge par cet extrait d'un article documentaire le concernant avant sa
mort.

« Son cerveau lui semble veuf d'idées. C'est
une sensation qu'il éprouve, persistante, très
nette. Il a conscience qu'un vide s'est produit.
« Où donc sont mes pensées ? », demande-t-il. Il
cherche, comme il chercherait son mouchoir
ou sa canne. Il cherche autour de lui, furette
s'impatiente, inquiet, tourmenté : « Mes pensées! N'avez-vous point vu mes pensées ! »

« Elles sont sorties, elles vagabondent, elles
l'ont quitté. Il en a un chagrin d'enfant qui
aurait égaré un jouet. Il pleure comme les
tout petits pleurent leurs tout petits chagrins;

c'est une plainte très douce que des larmes,
vite séchées, accompagnent... Puis il boude,
se fâche, fait la moue... « Je veux mes pensées!... »

« Tout à coup, il sourit. Son visage respire
la joie, le parfait contentement, il est radieux.
Il les a retrouvées. Elles sont autour de lui.
Ce sont des papillons, dont il poursuit le vol
fantasque.

« *Ces papillons sont variés à l'infini et de teintes correspondant à leur sujet :* papillons noirs
pour la tristesse ; papillons roses pour la
gaîté ; papillons d'or pour la gloire. « Oh, le
beau rouge, s'écrie-t-il, c'est la pourpre des
sanglants adultères ! »

« Et le voilà redevenu le créateur d'antan,
emporté par son imagination, brodant sur
un thème inventé.

« L'action se déroule, abondante et logique,
brossée dans un admirable décor. Des pas-
sions humaines palpitent ainsi qu'autrefois
sous l'effort évocateur d'un style qui garde
jusque dans ce délire sa savoureuse netteté.
Mais c'est un vol de papillons. Ses idées sont
ces charmants ailés dont l'espace se peuple à
ses yeux seuls. Ce sont eux qui nouent et dé-

nouent l'intrigue, appelés l'un après l'autre.
« Il me faut le bleu pour cet amant qui se
désole. Où est donc le bleu ?... Ah le voici ! »
Il fait le geste d'attraper le volage en ses
doigts, le saisit délicatement, par ses ailes
diaphanes, et le pose, toujours en imagination, près d'un papillon d'une autre couleur
nécessaire pour l'enchaînement des idées ».

Avant sa maladie MAUPASSANT avait dans la
Vie errante étudié l'audition colorée au point
de vue esthétique en affirmant son importance[1].

Tels sont les principaux documents, puisés
dans la littérature, que nous avions à rappeler.

D'un point de vue scientifique. M. SOKOLOV
a présenté deux observations de ce qu'il appelle l'*individuation colorée*[2]. Il s'agit de
« représentations chromatiques qui reproduisent en couleurs des individualités humaines
des caractères, des qualités intellectuelles
et morales », sans que les qualités extérieu-
res interviennent aucunement.

---

1. *Vie errante*, p. 10 à 15. Ollendorff, 1890.
2. *L'individuation Colorée*, par SOKOLOV. *Revue philosophi-*
que, janvier 1901, p. 36. (10 p.) *Analyse in Revue Neurolo-*
gique, 1902, p. 235.

Chez madame Ch..., les hommes de grand talent évoquent une couleur bleue; la couleur jaune caractérise l'absence de qualités intellectuelles. Autant d'individus d'ailleurs, autant de couleurs ou de nuances différentes. Ces couleurs se présentent sous forme de nuages colorés qui affectent toujours la forme de l'Afrique et qui, bien que très épais ne dérobent cependant rien à la vue.

Chez madame K... l'auteur observe des phénomènes analogues. Chez elle, cependant, les représentations chromatiques « ne sont localisées nulle part et n'existent qu'à l'état d'images mentales informes », ce qui est à peu près l'idée abstraite de la couleur. De même que la perception de qualités morales évoque des couleurs, la vue de couleurs évoque l'idée de qualités morales. Chez madame K..., ces phénomènes semblent d'ailleurs le résultat d'une habitude volontaire.

Enfin, M. SOKOLOV a observé madame A... et madame J..., qui attribuent des couleurs aux œuvres des poètes et des écrivains.

Ces phénomènes seraient dus à une : « Imagination très vive, type visuel prépondérant, esprit absolument concret, incapable d'opé-

ror avec de pures abstractions, s'attachant à
les traduire en formes intuitives et sensibles ». — Ce sont là des « singularités et anomalies inoffensives », non des stigmates morbides : Madame J... est la seule qui soit atteinte d'une maladie mentale.

Ces phénomènes s'expliquent par le jeu
spontané des associations soit de contiguïté
(couleur des vêtements, d'un objet voisin,
etc.), soit surtout de ressemblance : en particulier, les ressemblances qui jouent ici le
plus grand rôle paraissent être les ressemblances des relations soit idéales, soit émotionnelles. Dans le premier cas rentre madame K... : il y a chez elle, analogie entre le
degré de condensation d'une couleur et le
degré de condensation ou de concentration
des qualités intellectuelles d'un homme. Au
second type appartient madame X... : gens
et couleurs éveillent en elle une impression
émotionnelle analogue, qui est leur lien asso-
ciatif : les gens qui lui plaisent le plus évoquent la couleur qui lui plait le plus, le
lilas, etc.

Si ces jeux étranges de l'imagination ne
disparaissent pas comme tant d'autres asso-

ciations baroques, c'est *a priori* qu'ils rem-
plissent — ou ont rempli — une fonction utile,
savoir : *l'aperception symbolique.* Ils permettent, en effet, « de comprendre et d'exprimer,
sous la forme concrète et saisissable d'une
couleur, la conception très compliquée et très
abstraite d'une individualité humaine ».

M. Sokolov, enfin, tente d'expliquer de la
même manière les phénomènes d'audition
colorée qui nous occupent. La perception
d'une voyelle renferme, outre le son, l'image
du signe graphique, des sensations musculaires, des idées et des souvenirs confus, de
faibles émotions. Or c'est ce tout indivisible
et caractéristique, non l'élément auditif seul,
qui est symbolisé par une couleur. Ainsi
« tous les phénomènes d'audition colorée —
excepté peut-être quelques formes embryonnaires et rudimentaires — ne sont en réa-
lité que des cas d'individuation colorée ».

Nous devons aussi examiner les *cas d'audition et de représentation colorées réversibles,*
que M. L. Azoulay [1], a présenté à la *Société*

---

1. Azoulay. — Un cas d'audition colorée et de représentations colorées réversibles. — *Comptes Rendus hebdomadaires des Séances de la Société de Biologie* (1904, LVI),
n° 1, janvier, 24-25.

de Biologie. En voici dans l'intéressante relation.

« Madame A..., âgée aujourd'hui de quarante-deux ans, a présenté dans son enfance les phénomènes curieux que nous allons relater.

« Chaque fois qu'elle entendait prononcer, prononçait elle-même ou lisait le nombre *trois*, elle voyait aussitôt une bande *rouge* passer devant ses yeux.

« Les mêmes faits se reproduisaient et dans les mêmes conditions pour le nombre *quatre*; mais la couleur de la bande était *bleue* dans ce cas.

« J'ajouterai que la vue de la couleur rouge lui était fort désagréable, tellement même qu'elle évitait de porter ses regards sur des objets groupés au nombre de trois, qu'elle fuyait aussitôt les conversations ou les lectures où il s'agissait du nombre trois, ce nombre provoquant aussitôt l'apparition du rouge. Elle prenait, bien entendu, les mêmes précautions pour ne pas prononcer ce nombre ou y penser.

« La couleur bleue produisait au contraire une impression très recherchée. Pour éprou-

ver le plaisir de voir du bleu à volonté, cette
dame, alors enfant, répétait *in petto* le nombre
quatre très souvent dans la journée. Lorsqu'elle s'amusait, il ne lui serait jamais venu
à l'idée, dit-elle, de couper du papier ou de
l'étoffe en trois, ce qui lui aurait été pénible
et aurait provoqué l'apparition du rouge. Elle
les coupait toujours en quatre, d'où la vision
agréable du bleu.

« Ces phénomènes d'audition et de représentation colorées limitées aux seuls nombres
trois et quatre et aux couleurs bleu et rouge
étaient réversibles. La vue des couleurs
faisait immédiatement penser aux nombres
correspondants ; mais cette réversion était
moins intense que le phénomène direct et
ne s'accompagnait pas d'hallucination auditive.

« Les faits précédents ont commencé à se
produire vers cinq ans, sans cause connue ;
ils ont cessé vers douze ans, à la suite, assure
cette dame, d'efforts pour se débarrasser de
cette « obsession ridicule ». A seize ans, en
effet, la couleur rouge était devenue agréable
à son tour.

« Il est impossible   tue lement de savoir

7

si le point de départ en a été dans le nombre
ou dans les couleurs.

« Les caractères psychologiques de cette
dame sont les suivants : elle a été toujours
extrêmement sensible aux couleurs et à leur
harmonie ; bien que musicienne, elle préfère
de beaucoup les concerts de couleurs.

« Elle est d'un tempérament parfaitement
calme et d'un esprit logique, pondéré. Son
père ainsi qu'une partie de ses frères et sœurs
avaient de grandes facilités pour les mathématiques.

« Ces détails permettent à la rigueur d'expliquer les phénomènes ci-dessus décrits.

« Il serait en effet raisonnable de penser
que, douée d'une grande sensibilité pour les
couleurs, cette dame ne pouvait aimer, en
raison de son tempérament très calme, qu'une
couleur considérée généralement comme pai-
sible, déprimante même, c'est-à-dire le bleu.
Son aversion pour le rouge, irritant, s'expli-
que de même.

« Il serait encore loisible de croire que son
esprit logique, pondéré, et sa parenté avec
des mathématiciens ont déterminé son affection pour quatre, nombre parfait, facilement

divisible et l'un des premiers pour un enfant,
et son horreur pour trois, nombre « illogique,
asymétrique ».

« L'on pourrait concevoir, enfin, qu'en raison d'une organisation cérébrale particulière
ces affections et ces aversions intenses aient
pu s'associer et provoquer les phénomènes
d'audition et de représentation colorées avec
leur réversibilité.

« Nous donnons cette interprétation pour
ce qu'elle vaut; nous croyons cependant que
dans tous les cas semblables il sera fort utile
de connaître les caractéristiques physiologiques de l'individu et de sa parenté ».

Mais peut-être une cause bien plus simple,
comme l'a suggéré M. NAGEOTTE, a-t-elle
présidé à la genèse des phénomènes décrits
plus haut; à la suite d'un trois et d'un quatre
colorés respectivement en rouge et en bleu,
sur un abécédaire ou quelque chose d'analogue. Cette dame, alors enfant et très sensible
à ces deux couleurs, aurait pu en être frap-
pée. Une association d'idées intense se serait
dès lors établie, et pendant longtemps l'un
quelconque des deux nombres aurait évoqué
la couleur correspondante et inversement.

Interrogée sur ce point de façon indirecte, bien entendu, pour éviter toute fausse mémoire, cette dame a répondu n'avoir appris à lire qu'à sept ans passés, par conséquent bien après l'apparition des phénomènes, et être convaincue qu'il n'existait pas chez ses parents de pareils abécédaires.

Vu l'éloignement des faits, ces affirmations n'excluent pas d'une manière absolue l'interprétation précédente.

Les phénomènes relatés plus haut rentreraient alors dans l'immense catégorie des associations d'idées qui, nées d'un concours de circonstances fortuitement surtout pendant l'enfance chez des personnes très sensibles, se reproduisent ensuite avec l'intensité de la chose sentie, lors de la perception ou du souvenir de la sensation qui les a créées.

Une expérience que nous avons eu l'heureuse occasion de pouvoir faire nous semble décisive contre cette théorie selon laquelle l'audition colorée ne serait qu'un phénomène de mémoire visuelle, une association entre le son des lettres et la couleur des abécédaires dans lesquels nous avons appris à lire.

Nous avons un jour demandé à une petite

fille de cinq ans, ne sachant pas lire, si les lettres entendues lui paraissaient colorées. Sur sa réponse affirmative nous avons noté que :

Suzanne voit **A** rouge

E jaune feu

I blanc

O noir

U rose

1 est blanc comme **I**

et zéro noir comme **O**

Plus d'une année après, notre petit sujet ayant appris à lire dans un abécédaire analogue à tous ceux qu'on met entre les mains des enfants, nous avons constaté que Suzanne voyait toujours les lettres colorées de la même façon. Ajoutons qu'il s'agit d'une petite fille sans tare nerveuse et que personne dans sa famille ne présente le phénomème de l'audition colorée.

Quelles hypothèses peuvent, en résumé, tenter l'explication des faits d'audition colorée dont nous venons de parler? Nous rappellerons à ce propos un article de Mariani, analysé avec assez de détails par M. Cl. Charpentier dans le *Journal de psychologie*. Quatre hypothèses ont été émises :

1° *Embryologique.* — Elle résulterait d'une différenciation incomplète entre le sens de la vue et celui de l'ouïe; ce serait un phénomène atavique remontant à l'époque où la discrimination des sens ne s'était pas encore produite et où dans le protoplasma tout était réuni ensemble (VIGNOLI).

2° *Anatomique.* — Il existerait des anastomoses entre les centres cérébraux des sensations visuelles et auditives, de sorte que quand il percevrait un son, le centre auditif entrant en rapport avec le centre visuel, donnerait sensation d'une couleur (LUSSANA). — Les photismes seraient, alors, fréquents parmi les peuples moins évolués et représenteraient un état d'infériorité destiné à disparaître.

3° *Physiologique ou de l'irradiation nerveuse.* — L'excitation d'une sensation a sur les autres sensations une influence qui dépend du territoire sensitif dans lequel elle prend origine, et varie suivant l'intensité de la sensation provoquée originairement avec des différences individuelles (FECHNER).

4° *Psychologique ou d: ssociation.* — (Associations effectives de FLOURNOY). L'association entre deux représentations se produit non par leur rencontre régulière ou fréquente dans la conscience, mais par suite d'une analogie de leurs caractères émotionnels. Cette dernière hypothèse est la plus satisfaisante et elle est universellement acceptée [1].

Cependant ajoutons que nous avons nous-mêmes cité plus haut un cas d'audition colorée dans lequel le phénomène semblait dû à une lésion des cônes et des bâtonnets.

Nous avons vu que l'audition colorée est un phénomène fréquent.

Ajoutons, à titre statistique que LEMAITRE l'a constatée chez des enfants dans 30 cas pour cent. PHILIPPE dans 12 cas pour cent. BLENDER et LEHMAN dans 12,5 cas pour cent chez les adultes. — Elle disparaît avec l'âge, ce qui semble confirmer la théorie atavique. D'après LEMAITRE elle serait l'indice d'une intelligence précoce et d'une santé saine, et d'après d'ABUNDO elle représenterait au contraire un pas en arrière dans l'évolution physiologique ;

---

1. *Journal de Psychologie*, Juillet-Aout 1907, 4e année, n° 4, *Sensations et mouvements*, pages 367 à 369. Un cas d'audition colorée. — (Un caso di audizione colorata) par MARIANI. Extrait des : « Ricerche e studi di Psi-« chiatria. Neurologia antropologia et filosofia, dé-« diées à ENRICO MORSELLI » à l'occasion du 25e anniversaire de son enseignement. Milan, 1906, Francesco Vallardi.

elle serait un phénomène de dégénérescence.

MARIANI en a observé un cas chez un fou moral de bonne famille et un cas chez un homme de quarante ans parfaitement normal. Cet homme parle volontiers du caractère du phénomène qu'il présente, quoique souvent on l'accuse de mensonge. On trouvera dans le tableau ci-joint, quelques-unes des associations constatées chez lui, apparues dès l'âge de huit ou neuf ans et qui l'ont frappé nettement à vingt ans (voir tableau ci-contre).

Tableau de Mariani

B vin	Janvier jaune	Blanc, noir
C paille	Février noir	Rouge, vert
D gris brun	Mars gris	Vert, jaune sale
F noir	Avril azur pâle	Noir, noir
H gris clair	Mai, jaune pâle sur fond noir	Gris, jaune
G jaune	Juin, jaune peu chargé	Rose, vert
L café au lait	Juillet, jaune or	Jaune entouré d'or
M noir	Août, vert sale et indécis	
N noir	Septembre peu décidé	Turin — noir
P obscur	Octobre café au lait	Milan — noir fond gris
Q gris	Novembre { tâche de vin séchée sur une nappe.	Salerne — vert
R noir		Gênes — jaune fond noir
S vert	Décembre gris nuageux	Vérone — vin clair
V marron clair		Cuneo — clair
Z rouge pâle	Maddalena, gris obscur	Alexandrie — { vert sur champ noir
	Emilia, gris clair	
Lundi, blanc	Alfredo, noir	
Mardi, gris clair	Carlo, café au lait	Saveurs et odeurs. Néant
Mercredi, noir	Adalgisa, vert sur champ jaune	Diphtongues. — aucune couleur spéciale mais la couleur des consonnes qui les composent.
Jeudi, jaune	Alberto, cendre	
Vendredi, vin pâle	Mariani, { bleu pâle sur champ noir.	
Samedi, rouge		
Dimanche noir		

1 à 10   noir

De 10 à 20 { Diverses couleurs — *Du gris obscur* (11) au *gris clair* (18)
de la *couleur vin* (12) à la couleur *masse vineuse* (20)

16 vert
30 gris obscur
40 noir
50 jaune clair
60 gris clair
70 noir sale
80 quasi vert
90 vinassé
100 gris noir

Dans ce tableau, les couleurs sont données par les consonnes et non pas par les voyelles.

Les nuances sont abondantes et suivent une graduation qui se rencontre pour les consonnes où la prononciation présente quelque ressemblance (V. — P. — G. — C.). — Beaucoup de consonnes évoquent la même couleur (M. — N. — R. — F.) (D. — H. — Q.). — Il manque beaucoup de couleurs. (Indigo, — violet, — orange); mais il y a beaucoup de richesse dans la superposition de plusieurs couleurs (Milan, — Gênes, etc.) La coloration est donnée au son et non à la vue; dans les noms propres, c'est la consonne qui donne les couleurs : (*Turin R.*) — *Gênes* (*G. N.*) —De même dans *sacerdotes* qui donne : —*vert jaune sur champ noir* (*S. C. R.*).

Pour les mots qui ont une coloration arbitraire, aucune consonne ne correspond (photisme non alphabétique).

Nous avons cru qu'il serait utile, en terminant ce sujet et avant quelques brèves conclusions, de réunir en un tableau synoptique les principales auditions colorées relevées par les auteurs. Nos lecteurs y trouveront tous les cas qui méritent de rester classiques sur la question.

Tableau des principaux cas d'Audition colorée

	A	E	I	O	U
(Millet)	noir	jaune	blanc	rouge	vert
(Claparède)	noir	bleu	rouge	jaune	vert
(Ughetti)	noir	jaune	rouge	blanc	
(Bareloux)	rouge	jaune»	rouge		
(De Rochas)	rouge	blanc	noir	brun	gris fer
(Chabalier)	bleu jaune	blanc	noir	rouge vif	gris bleu
(Lehmann et Blumer)	noir	jaune	rouge	blanc	
(Lauret	noir	gris	rouge	blanc	
	noir	bleu clair	rouge	blanc	
		' jaune paille			
		^ café au lait	blanc argenté	rouge	bleu vert

Cas de Ughetti
Clarinette — jaune
Trompette
et } jaune d'or
guitare
piano — blanc
flûte — rouge

Cas de Grazzi — trompette — rouge

Cas de Podrono
» — rouge
harmonium — jaune
» — bleu
majeur — jaune
accords — (fa)
mineur — violet

Cas de Baroggi
Clarinette
et } jaune
flûte
trompette — rouge
violon bleu
violoncelle
et basse } violet

Cas de de Rochas
trompette — jaune
hautbois
flûte } bleus
piano
violon
et sifflets } noirs
Guitare — gris
Grosse caisse — chocolat

Il nous reste à ajouter quelques considérations qui intéressent surtout le côté plus particulièrement psychologique de la question.

« L'ouïe, écrivait ITARD, il y a plus d'un demi-siècle, est de tous les sens, celui qui se ressent le plus promptement des moindres dispositions morbides du cerveau et celui dont les relations tant physiologiques que pathologiques sur cet organe, ont le plus d'activité. Il est peu de sourds qui n'aient observé l'influence du chagrin, des travaux de l'esprit sur leur infirmité. On connaît les profondes distractions dans ce sens dans la méditation et dans les grandes préoccupations de l'âme et on peut remarquer que l'ouïe, plus que la vue, que le goût, que l'odorat, se trouve affaiblie par une attaque d'apoplexie ».

L'audition occupe en effet, dit VASCHIDE, une grande place dans notre vie psychique ; c'est le sens qui s'assoupit le dernier avant de nous plonger dans nous-même, dans la vie du sommeil et c'est le sens qui le premier nous réveille et nous met en contact avec le milieu cosmique et social du monde extérieur ; et durant toute la nuit il est presque en état de

veille. On a dit avec raison que l'ouïe est la
sentinelle de notre personnalité. Et chose bi-
zarre, quoique depuis bien des années on n'a-
vait plus que deviné, précisé presque, ce rôle
spécial de l'audition et quoique ITARD eut créé
même un appareil pour la mesure de l'acuité-
auditive, « l'acoumètre d'ITARD » les recherches audiométriques ont laissé cette piste fruc-
tueuse pour finir par faire continuellement, de
génération d'otologistes en génération, l'apo-
logie de la voix, la seule méthode sérieuse et
capable de renseigner l'expérimentateur sur
l'état sensoriel de l'organe exploré.

On peut arriver à l'aide des diapasons, à établir le diagnostic de la surdité périphérique ou
centrale, il ne saurait même exister, selon NAT-
TIER, d'autre moyen pour diagnostiquer exactement cette affection. Or, les limites du champ
auditif normal étant de 32 vibrations simples
à environ 30.000 vibrations, on comprend que
pour découvrir toutes les lacunes susceptibles
de se produire dans une étendue aussi vaste,
il faille un tonomètre aussi parfait que possible. C'est pourquoi la recherche d'un acoumètre « simple et pratique » est une véritable
utopie qu'il convient de ranger à côté de celles

de la « quadrature du cercle » ou du « mouvement perpétuel ».

Les otologistes ne sont pas plus fondés à
prétendre établir le diagnostic des divers troubles de l'ouïe avec un seul diapason que les
oculistes à diagnostiquer les différents troubles
de la vue avec une seule lentille. Enfin les
diapasons fournissent encore de précieux éléments pour le pronostic, il y a, selon BOUCHE-
RON, des affections de l'oreille ou le nerf acoustique excité par pression (otopiésis) transmet
son excitation aux diverses parties des centres
nerveux et produit selon le sujet des effets irra-
diés divers.

« Transmise : 1° au bulbe et à la moelle, cette
excitation produit de l'épilepsie, de la pseudo-
méningite ou des convulsions variées, sans caractère spécial ; 2° du côté du cervelet, elle
produit des troubles de l'équilibration, verti-
ges, chute, rotation ; 3° arrivée au cerveau et
à l'écorce cérébrale, l'irradiation produit des
troubles mentaux, légers ou graves, ayant un
caractère commun de dépression.

« Les troubles légers sont la perte ou la diminution de la mémoire, de l'esprit de suite,
de la réflexion, de la vivacité des conceptions ;

diminution de l'affection pour les proches ;
idées de tristesse, de suspicion, de défiance, de
persécution, ou de l'hypocondrie.

« Les troubles mentaux graves peuvent s'é-
lever jusqu'à la folie mélancolique aiguë, avec
délire, hallucinations, perte de connaissance
chez les sujets prédisposés.

« Le point sur lequel il y a lieu d'insister,
c'est que tous ces troubles mentaux peuvent
être la conséquence d'affections relativement
légères de l'oreille, entre autres, de l'otopiésis
par obstruction des trompes d'Eustache, et que
dans les cas récents, la cure de l'affection oto-
piésique de l'oreille peut faire cesser les accidents mentaux symptomatiques ». BOUCHE-
RON-FOLIES mélancoliques, p. 3.

Hallucinations Auditives. — Au point de vue
hallucinatoire, la sphère auditive peut-être
le siège de désordres divers formant toutes les
transitions intermédiaires entre les hypéres-
thésies, synesthésies, dysacousies auditives, et
l'hallucination verbale coordonnée. Ce sont les
interprétations fausses, illusoires et hallucinations élémentaires de l'ouïe commençant par
des insultes monosyllabiques à l'occasion de
bruits réels quelconques, surtout rythmiques.

Certaines hallucinations ont même des hallucinations modulées rappelant les hallucinations inspiratrices de certains musiciens compositeurs. Ces dernières peuvent être symphoniques comme celle de Berlioz et rappelant dans l'ordre acoustique l'hallucination inspiratrice de certains peintres qui voient le tableau à faire sur la toile blanche. Mais ce sont là des hallucinations géniales avec conscience.

Certains aliénés au début de l'affection ou en certaines formes de simple confusion ou des hallucinés à demi-conscients, des obsédés peuvent même avoir l'hallucination auditive obsédante avec une conscience assez complète parallèlement conservée. D'autres fois ils peuvent de l'obsession simple arriver progressivement à l'obsession hallucinatoire auditive avec demi-conscience encore.

Comme chez les obsédés conscients les délirants peuvent arriver à l'hallucination de l'ouïe directement ou secondairement.

Par exemple un dégénéré pourra présenter d'emblée une bouffée hallucinatoire, ou la sphère auditive présentera la pertubation dominante et initiale. Au contraire un persécuté à délire systématisé lentement progressif com-

mencera par une période d'inquiétude prolongée avant d'arriver aux hallucinations auditives constituées.

Dans le premier cas ce ne sera qu'un épisode, dans le second ce sera une perturbation
tenace qui se transformera encore avec le
temps mais en se confirmant.

Par exemple les hallucinations persécutri-
ces de l'ouïe pourront faire place plus tard à
des hallucinations consolantes marquant l'ac-
centuation du courant délirant secondaire de
défense. Au lieu d'être insulté le malade sera
alors glorifié et magnifié par les voix subjectives.

Les voix hallucinatoires peuvent être secondaires pour les persécutés chez qui peut
prédominer la perturbation de la sphère visuelle (comme chez les mystiques par exemple), mais le plus souvent la sphère auditive
entre en jeu à son tour tôt ou tard, bien que
restant secondaire et subordonnée aux manifestations subjectives visuelles auxquelles elle
s'associe accessoirement. C'est de la même
façon que les intoxiqués qui voient des spec-
tres finissent souvent par leur entendre profé-
rer des menaces bien que souvent les visions

des alcooliques par exemple restent muettes.

Secondaires aussi peuvent être les voix hallucinatoires des hypochondriaques qui écou-
tent craquer les rouages de leurs machines.
Ils finissent introspectivement par se croire
habités par des êtres parasites qu'ils finissent
par entendre parler à force de tendre leur attention sur eux. Un mélancolique hypochon-
driaque qui se croyait possédé par des poissons les entendait se plaindre d'une façon
mélancolique bien entendu. Les contractions
musculaires sont aussi parmi les causes cénes-
thésiques internes de l'évocation secondaire
d'hallucinations auditives associées aux phénomènes psycho-moteurs.

Les déments peuvent avoir des phénomènes
hallucinatoires de la sphère auditive comme
ils ont des troubles dysacousiques et hypera-
cousiques douloureux. La démence paralyti-
que, la démence précoce, la démence sénile
associée ou non aux psychoses tardives peuvent présenter ces phénomènes d'audition
morbide à titre d'épisode accessoire ou prémonitoire, parfois, de perturbations plus profondes et ultérieurement destructives des centres
correspondants.

Beaucoup de vieux délirants hallucinés d'ailleurs ont ceci de commun avec les séniles à bouffées hallucinatoires prédémentielles qu'ils orientent systématiquement leur voix dans un sens constant, évidemment en rapport avec une localisation particulière de la lésion cérébrale.

Tel halluciné croit entendre toujours venir ses voix du plan latéral droit ou gauche ou bien il les objective dans une direction nettement supérieure ou au contraire inférieure au plan de l'horizon. On peut appliquer à ces cas la théorie des déviations conjuguées d'autant plus qu'un certain nombre d'observations suivies d'autopsies ont montré une concordance entre la direction de cette orientation systématique et la localisation du foyer final.

De même que l'aphasie peut-être précédée de dysphasie et de verbigération désordonnée, d'hyperphasie si je puis dire, de même la confluence hallucinatoire auditive peut précéder une surdité corticale finale dont elle n'est que l'avant-coureur et le désordre *incipiens* (érétisme vasculaire avant rupture d'artère).

Mais nous touchons ici à un problème remis en question tout récemment et en voie de revision, c'est celui de la surdité verbale et de l'aphasie sensorielle.

On appelle aphasie sensorielle tout trouble du langage caractérisé hors la perte de compréhension de la parole entendue ou lue. (WERNICKE, 1874).

KUSSMAUL a distingué la surdité verbale de la cécité verbale isolée, l'une et l'autre s'accompagnant de paraphasie et d'agraphie. WERNICKE n'a pas reconnu cette dernière. DÉJERINE reconnaît à côté du syndrôme sensoriel mixte de WERNICKE une surdité et une cécité verbale pures différant des types de KUSSMAUL par l'absence de paraphasie et d'agraphie.

Selon BERNARD la surdité verbale est l'impossibilité de comprendre la signification des mots et même de tous sons conventionnels représentatifs d'idées.

Selon WERNICKE surdité verbale = aphasie sensorielle ; selon KUSSMAUL aphasie sensorielle = surdité verbale plus cécité verbale. La tonaphasie de HUGUES serait la perte de la compréhension tonale des signes musicaux graphiques avec conservation de leur signification théorique.

C'est M. le professeur PIERRE MARIE avec son

élève MOUTIER qui a entrepris de reviser la question de l'aphasie, divisée depuis BROCA en motrice et sensitive (auditive, visuelle, etc).

Pour P. MARIE il n'y a qu'une seule aphasie, l'aphasie de WERNICKE. Le terme d'aphasie « sensorielle » doit disparaître. Il préconçoit en effet une explication pathogénique portant une théorie. L'aphasie de WERNICKE a pour substratum la lésion d'une zône a peu près définie; elle seule aphasie intrinsèque s'accompagnant de troubles du langage intérieur et de déficit intellectuel. Les autres altérations du langage, anarthrie, alexie pure, sont des syndromes extrinsèques : l'alexie pure a même son siège dans un tout autre territoire vasculaire que l'aphasie.

Celle-ci dépend de lésions de l'artère sylvienne, celle-là d'une oblitération de la cérébrale postérieure.

« Cette doctrine est d'une simplicité évidente. Elle a de plus le mérite de présenter un certain nombre de faits autrefois inexplicables sous un jour tout nouveau ». (MOUTIER).

On disait jadis à propos de l'aphasie de Broca, que la lésion d'un centre d'images motrices retentit sur les autres centres pour amener les troubles de la lecture et de l'écriture constatés ; ce retentissement ne serait qu'une hypothèse dérivée des constructions schématiques. Au contraire, les faits nouveaux tendent à éclaircir ces accidents obscurs.

A l'autopsie des aphasiques de BROCA on constate une double lésion : l'une a déterminé l'anarthrie, l'autre les troubles du langage intérieur de la lecture et de l'écriture, l'aphasie en un mot. Par suite les termes d'aphasie de Broca, aphasie mixte, aphasie totale, désignent les degrés progressifs d'un même syndrome, et il s'agit là de mélanges diversement dosés d'aphasie et d'anarthrie.

Pour PIERRE MARIE, l'aphasie est donc une. Il n'y a rien d'aphasique dans le trouble moteur de l'anarthrique. L'anarthrique comprend, lit, écrit. Sa pensée est intacte, et l'expression en est possible par tout autre moyen que la parole, le langage intérieur n'étant pas altéré. (MOUTIER, l. c.)

Il n'y aurait donc pas de surdité verbale particulière à l'aphasie de BROCA, ni à son alexie ou à son agraphie, aucun symptôme, aucune nuance ne les distinguerait de la surdité verbale, de l'alexie, de l'agraphie, qui s'obser-

vont chez l'aphasique de Wernicke. Ces phénomènes ne seraient pas seulement du même
ordre, ils auraient une allure identique, une
pathologie identique, ils sont les mêmes, avec
une densité variable.

Les troubles aphasiques n'auraient donc
rien, à voir avec les altérations théoriques
des centres d'images verbales non moins théoriques, puisque selon Pierre Marie on n'a jamais eu la preuve de leur existence.

Ceci n'infirme pas l'existence d'un centre
de l'audition brute dans le lobe temporal, analogue à celui de la vision dans la zône occipi-
tale interne (rétine corticale) ; autre chose
est la surdité corticale et la surdité verbale.

La surdité corticale peut s'observer comme
lésion acquise de même qu'elle peut s'observer congénitalement.

C'est la surdité démentielle qu'on peut comparer à la surdi-mutité native; la seconde re-
lentit bien sur le mécanisme de la parole qui
ne peut être suscité par le réflexe auditif, mais
il peut être éveillé par d'autres voies comme
le prouvent les méthodes modernes d'enseignement de la parole aux muets de ce genre,
à côté de la surdi-mutité il convient de citer

l'audi-mutité congénitale des pseudo idiots frappés dans leur mécanisme de l'expression parlée sans présenter de lésions des centres auditifs; ceux-là seraient des anarthriques congénitaux par agénésie native de la circonvolution de Broca ou des entendants aphasiques-nés par atrophie du quadrilatère de PIERRE MARIE (zône insulo capsulaire); dans le simple retard de la parole si fréquent chez les arriérés, il y aurait évolution tardive de ces centres comme l'a entrevue MÉENS.

On le voit les problèmes psychologiques soulevés par la question de l'audition morbide centrale sont multiples et du plus haut intérêt, beaucoup sont loin d'être élucidés et offrent un vaste champ d'étude pour les chercheurs de l'avenir.

CONCLUSIONS GÉNÉRALES

L'imperfection de l'audition semble tenir moins au mauvais état de l'organe périphérique acoustique qu'à l'insuffisant des centres d'association. Les dégénérés à insuffisance auditive ne forment que des jugements incomplets et défectueux sur les impressions sonores. Chez eux l'image auditive suscite mal l'idée. C'est qu'il leur manque, de même qu'aux débiles visuels, bien qu'à un plus faible degré, l'attention volontaire suffisante. C'est pourquoi l'éducation mo-

rale et physique de ces sujets doit rouler sur
un pivot unique, les amener à faire attention
(BELHOMME).

La pédiatsie et pédagogie doivent tirer
profit de ces constatations psycho-pathologi-
ques. C'est pourquoi SÉGUIN avait posé le
principe confirmé par l'application de la né-
cessité de multiplier les sensations associées.
La psychologie expérimentale devient ainsi
psycho-thérapique. Il importe, en s'appuyant
sur les autres sens, de cultiver le sens auditif qui est la voie par excellence des associations intellectuelles. Le cas classique de LAURA
BRIGMANN démontre la possibilité de telles
cultures. Il ne faut pas oublier qu'il n'y a pas
une opposition absolue entre le mécanisme des
insuffisances psycho-sensorielles périphériques et centrales. Le cycle réflexe et le cycle de
l'action volontaire, comme l'a fait remarquer
Sollier, comprennent l'un une excitation suivie d'une réaction périphérique avec ou sans
perception consciente du réflexe au niveau du
cerveau, l'autre une excitation suivie d'une
perception consciente et d'une réaction périphérique déterminée et coordonnée. C'est en
s'appuyant sur l'étude de ce mécanisme qu'on

pourrait le modifier, si besoin, dans les cas d'insuffisance auditive.

Les apparentes hyperesthésies ne sont que des états de faiblesse irritable où l'acuité réelle du sens n'est nullement augmentée; mais ce sont les associations centrales qui sont plus actives et diverses ou leurs irradiations plus variées, intenses ou insolites; telles sont les irradiations impulsives réflexes tyranniques ou les évocations synesthésiques associées qui peuvent devenir obsédantes et plus ou moins stéréotypées; enfin les irradiations vasomotrices réflexes peuvent être génératrices d'états émotionnels extrêmes, en disproportion flagrante avec la cause. Parmi les irradiations syncynésiques les phénomènes d'audition colorée sont dans la sphère auditive la manifestation la plus curieuse et la plus délicate à classer, car elle s'observe chez des sujets dégénérés, voire même aliénés, en même temps qu'on la peut rencontrer chez des intelligences d'élite. La littérature et l'observation courante des intellectuels en peut fournir une ample moisson. C'est là qu'on touche aux frontières intermédiaires entre la déséquilibration morbide et la surculture cérébrale des esprits

supérieurs au sujet desquels il est permis de
rappeler la pensée de Moreau de Tours sur
le génie-névrose et les rançons pathologiques
fréquentes des progénérescences cérébrales.

INDEX BIBLIOGRAPHIQUE

ADLER. *Eine Rhytmus-théorie des Horens, Zeitschrift fur Ohrenheilkunde*, 1902, 2, p. 143-152.

AIKIN (W. A.) *Phonology of the Vowel Sounds J. of. Physiol*, I. III, 1903. *Hauteurs absolues des voyelles.*

ALBERTONI. *Ueber Beziehungen Zwischen Farben und Tonen Centralblatt für Physiologie*, 1889, 26 octobre.

ALEXANDER et F. KANKLE HOCKWART. *Un cas de tumeur du nerf auditif* : Leipzig et Vienne.

ALGLAVE. (E.) *De l'audition des couleurs. Recueil d'ophtamologie*, 1882, nᵒ 9.

ALT. *Fall von Luftembolie in der Sinus lateralis (B.) Monastchr. f. Ohrenheilkunde*, XXXVII, 9, 405, 1903.

ALT (F.) *Ueber Stoerungen des musikalischen Gehoers.*
Wien. Klin. Wochenschrift, XV, 30, pp. 736-767, 795-799. — *Monatschrift f. Ohrenheilkunde*, XXXVI, 1902, 6, p. 197-223.

ANDREWS (A. H.) *Sources of error in functional tests of hearing. Laryngol*, XII, 1902, p. 249-253.

ANDREWS (B. R.) (Université Cornell). *Tests auditifs. Américan Journal of Psychology.* Janvier 1904, vol. XV, n° 1.

ANDREWS (Benjamin Richard). *Tests auditifs.* The américan Journal of psychology, Juil. 1905, p. 302-327.

ANGELL (James Rowland). *A preliminary Study of the Significance of Partial Tones in the Localization of Sounds.* Psychol. Review, vol. X, 1-4, 1903.

Annales des maladies de l'oreille, 1890, n° 1.

Annales des maladies de l'oreille, 1891, n° 6.

Of appleton's Encyclopédia, Article sur Color Hearing wide Hearing, in 1881 Annual.

ASTIER. *Observation sur un cas d'audition colorée.* Gazette hebd. de méd. et de chirurgie, 16 décembre, 1893, p. 600.

BABINSKI. *Le vertige voltaïque et la ponction lombaire dans les affections auriculaires.* Journ. de Méd. interne, 15 août.

BALDWIN (J. M.) *Handlook of psychology* London, 1891, T. II, p. 387.

BARATOUX. *L'audition colorée. Progrès médical,* 1888.

BARATOUX. *L'audition colorée.* Paris, Delahaye et Lecrosnier, 1888.

BAREGGI. *Gazetta degli ospedali,* 1883, n° 50.

BARTH (A.) *Ueber Taeuschungen des Hoerens in Bezug auf die Tonhoche* Verhandl. d. Gesellschaft dent. Naturforscher u. Aertze, II, 2, 427-429. — 1903.

BARTH (A.) *Ueber Taeuschungen des Gehoers un Bezug auf Tonhoehe und Klangfarbe.* Arch. f. Ohrenheilk., L. VII, 1902, p. 52-66.

BAUDELAIRE. *Les Correspondances, Fleur du mal.* IV, 1857, Paris, Calmann-Lévy.

BEAUNIS et BINET. *Etude expérimentale sur deux cas d'audition colorée. Revue philosophique,* 1892, t. I, p. 448.

BECHTEREW. (V. B.) *Sur une psychose hallucinatoire consécutive à des lésions de l'oreille. — Obozriéhné psyciatrii, nevrologhii i experimentalnoï.*

in der Ohrenheilkunde. Schmidt's, Jahrb, d. Ges. Med. CCLXXV, 1902, pp. 7-50, 117-164, 233-341.

BLEULER et LEHMANN. *Zwangsmässige Lichtempfindun durch Schall und erwandte erscheinfungen,* etc. Leipzig, 1881.

BONNIER (P.) *Des réactions immédiates de l'appareil de l'ouïe sous l'influence des injections de serums inorganiques. Comptes rendus de la Société de Biologie,* décembre, LIII, 1901, n° 39, p. 1101-1104.

BONNIER (Pierre). *Recherches sur la compensation labyrinthique en ballon. Comptes rendus de la Société de Biologie,* décembre LIII, 1901, n° 37, p. 1034-1037.

BONNIER (Pierre). *Une théorie de la voix, Rev. scientifique,* 18 juillet. 1903, pp. 65-68.

BONNIER (P.) *Paracousie lointaine. Ann. des Mal. de l'oreille et du larynx, du nez et des pharynx,* février 1903.

BOULEI et LEMARCHA-

DOUX. *De l'élément psychique dans les surdités. Congrès d'Otologie.* Bordeaux, 1er avril 1901. T. II, p. 63, 1905.

BRAUNSTEIN (L.) *Ueber den Einfluss des Telephonierens auf dos gehœrorgan Archiv. f. Ohrenhlkd,* LIX, 3-4, 240, 1903.

BRETON. *Nouveau cas d'au dition colorée. Rev. générale de clin. de therapeutique,* 1897, XI, p. 279.

BRUHL G. et NAWRATSKI (E.) *Rachenmandel. u Gehœrorgan der Idioten. Zeitschrift. f. Ohrenheilkunde,* XLV, p. 105-126, 1903.

BRYANT (W. S.) *Recent theories on Sound Conduction. Arch. of Otol.* XXXII, 385-403, 1903.

BUSCHHAUS. *Ueber « hœrende » Taubstumme und die Erfahrungen mit Hœrübungen in einer Klasse der Provinzial. Taubstummen Anstalt zu Svest. (B.) Zeitschr. f. Ohrenheilkunde,* XLII, 181-189, 1903.

CAJAL, Y. RAMON. *Die Endigung des acusseren*

Lemniscus oder die se-
kundaere akustische Ner-
venbahn. Deut. med. Wo-
chenschrift, XXVIII,
1902, 16, p. 275-278.

CALKINS (Mary Whi-
ton.) Etude statistique
sur la pseudo-chromesthé-
sie. Américan Journal of
Psychology, avril 1893.

CALKINI (M. N.) Synœ-
thesia Amer. Journ. of
psychologue, VII, p. 90.

CAPGRAS (J.) Relation des
maladies unilatérales de
l'oreille avec les hallucinations de l'ouïe. Arch.
de Neurol. XVI, 1903,
p. 500-509.

CHABALIER. Journal de
Médecine de Lyon, Août
1864.

CHAVANNE (F.) De l'em-
ploi du diapason en acou-
métrie. Gazette des Hô-
pitaux. 75e année, 1902,
n° 23, 25 février, p.
217-219.

CLAPARÈDE (F.) Persis-
tance de l'audition colo-
rée : C. R. hebd. des séances de la Société de Bio-
logie, LV, n° 30, 6
novembre, 1257-1259,
1903.

COLMANN. Sur l'audition
coloré Lancet (London.),

31 mars et 7 avril 1894.

CORNAZ (Ch.) Des abnor-
mités congénitales des
yeux et de leurs annexes,
Lausanne 1848.

CORNAZ (Ch.) Annales
d'Oculistique 1851, n° 1.

DAREIX. Gazette médicale
de l'Algérie, 1888, n°s 3
et 4.

DAURIAC (L.) Des images
suggérées par l'audition
musicale. Revue Philoso-
phique, 27e année, 1902,
novembre, n°11, p. 488-
503.

DEDITIUS (Karl.) Bei-
traege zur akustik des
Stimmorgans der Sper-
lingvœgel. Journal f. Or-
nithologie, L. 1902, 1. p.
101.

DICKINS (M.) Resultan-
ttones and the harmonic
series. Nature, LXV,
1902, p. 561.

DRESSLARE (F. B.) Are
chromœsthesias Varia-
ble ? Améric. Journ.
Psych. XIV, 632-646,
1903.

DROUOT (Edouard.) De
l'état intellectuel du
sourd-muet. Revue Phi-
lanthropique, XI, 1902,
n° 64, 10 août, p. 436-
471.

EHLERT. *Lettres à une amie sur la musique*, Berlin, 1859.

EITELBERG (A.) *Ein Fall von Neuralgie der Ohrmuschel. Wien. med. Presse.* XLIII, 1902, 26.

EMERSON. *Atlantic Montlily*, Juin 1892.

ESCHWEILER. *Unzulaengliche Stützen von Zimmermann's Theorie der Mechanik des Hoerens und ihrer Stœrungen. Arch. f. Ohrenheilk.*, LV, 1902, p. 59-66.

EWALD (S. Rich.) *Zur Physiologie des Labyrinths. Die Erzeuhung von Schallbidern in der Camera acustica. Archiv. f. Physiol.* XCIII, 485, 1903.

EXNER (Sund Pollak.) *Beitrag zur Resonanztheorie der Tonempfindungen Itschrift f. Psychol.*, XXXII, 305-332, 1903.

FECHNER. *Vorschule der Aesthetic*, Liepzig, 1876, II, p. 315.

FÉRÉ (Ch.) *Société de Biologie*, 1886, p. 384.

FÉRÉ (Ch.) *Le Bulletin médical*, 1887, nº 83.

FÉRÉ. (Ch.) *Le Bulleitn médical*, 1887, nº 87.

FÉRÉ (Ch.) *Société de Biologie*, 1887, p. 791.

FÉRÉ (Ch.) *Des variétés de l'influence d'un même son sur le travail, suivant que le sujet est ou non exposé en même temps à d'autres excitations sensorielles. C. r. hebdomadaires des séances de la société de Biologie*, 1902, nº 30, 14 novembre, p. 1207-1209.

FÉRÉ (Ch.) *Des effets divers d'un même son suivant l'état du sujet. C. r. hebdomadaires des séances de la Société de Biologie*, LIV, 1902, nº 31, 21 novembre, p. 1235-1237.

FÉRÉ (Ch.) et Mᵐᵉ JAELL MARIE. *Essai sur l'influences des rapports des sons sur le travail (de la seconde mineure la, si bémol et des intervalles successifs jusqu'à l'octave.) Comptes rendus hebdomadaires des séances de la Société de Biologie*, LIV, 1902, p. 903-906.

FÉRÉ (Ch.) et Mᵐᵉ JAELL MARIE. *Notes sur l'in-*

Itschrift . f. Psychol .
XXXIII, 355-362, 1903.

GAESTCHENBERGER. *Ueber die Moeglickeit einer Quantitataet der Tonempfindung. Archiv. für gesamte Psych. Band I, Heft I. 110-147, 1903.*

GALTON (F.) *Nature* 1880, vol. XXI, p. 252.

GALTON (F.) *Inquiries into the human faculty Macmillan and C°, 1883,* n° 3.

GASSOT. *Contribution à l'étude de la surdi-mutité consécutive à la méningite. Thèse de la Faculté de Médec. de Paris,* 1 vol., 1903.

GHIL (René). *Traité du verbe,* Paris 1887.

GAUTIER (Th.) *La Presse,* 10 juillet 1843. *Actuellement le Club des Haschichins dans Romans et Contes.* Paris, Charpentier.

GEHRING (Albert). *The Expression of Emotion in Music. The Philosophical Review,* T. XII, n° 4, p. 412, July 1903.

GIRANDEAU. *De l'audition colorée Encéphale,* 1885, p. 589.

GNORLUND. *Ein Fall von*

acut auftretender labyrinthaerer Sprachtanbheit Arch. f. Ohrenheilkunde, LVII, 9, 1903.

GOETHE. *Théorie des couleurs,* 1810.

GOTTERSBERGE (Meyer.) *Ein Fall von multipler Neuritis mit besonderer Beteiligung des Nerous acusticus u. trigeminus Monatschr. f. Ohrenheilk de XXXVII,* 2, 59, 61, 1903.

GOZLAN (Léon.) *Le droit des femmes,* 1850.

GRAFÉ. *Note sur un nouveau cas d'audition colorée. Revue de médecine,* 1897, XVII, p. 192.

GRASSI (Léonard.) *Mémoire acoustique et visuelle des mots. Rivista spirimentale di freniatria* vol. XXX, fasc. I, p. 143, mai 1904, 25 pages.

GRAZZI et FRANCESCHINI. *Bolletino della mullatie dell' orecchio,* 1883, mai et juillet.

GRUBER. *Congrès intern. de Psychologie physiologique,* Paris 1889.

GRUBER. *L'audition colorée. Congrès international de psychologie expé-*

ptomencomplex. Zusammenfassung der Ergebnisse einer Sammelforschung Sammlg. zwangl. Abbtandl a. d. Gebiete der Nasen. Ohren, etc Krantkheiten VII 1 u, 12, Halle C Marhold. 1 vol. 61 pp., 1903.

HEINRICH (W.) Sur la fonction de la membrane du tympan. Bull. de l'académie des Sciences de Cracovie. Classe des Sciences mathématiques et naturelles. Juillet 536-555, 1903.

HENRI (V.) Sur un cas d'audition colorée. Revue philosophique, 1893, T. I, p. 554.

HENSEN (V.) Die Fortschrisse in einigen Punkten der Physiologie de gehoers. Ergebnisse f. Physiol. 1901-I-20.

HENSEN (V.) Das Verhalten des Resonanz-apparater immenschlichen Ohr. Berlin, Reiner, 1902, p. 11. Sitz. Ber, Akad. Wisch., Berlin, p. 000-010.

HESS (C.) Ueber das Abklingen der Erregung im Schorgene nach Kurzdanenders Seizung. Sitzsber. d. physik-med. Gesellochaft in Würzburg, 3, 42, 1903.

HEYL (P.-R.) FREEMAN (R.) Change of pitch of sound with distance. Nature. LXV, 1902, pp. 273, 317-319.

HILDERT (R.) Ueber Association Geschmalks und Greruschsempfindungen mit Farben u. s. w. Separat Abdruck. D. Klinische. Monatschrblatter Augenheilkunde, janvier 1884.

HILTERT (H.) Intermédiaires des chercheurs et des curieux, 25 septembre 1814.

HOFFMANN (L.) Versuch einer geschichtes der maleris. Harmonie überhaupt, etc. Halle, 1786.

HOLDEN. Science, 1885, vol. VI, p. 252.

HOLDEN. Color Association with Numeral, etc. Science. 1895, N. S. I. p. 576.

HUGHES (P.) Methodes of festing relative pitch. Psychol. Review, IX, 1902, p. 603-609.

HUYSMANS (J.-K.) A Rebours, Paris, Charpentier, 1885.

Psych. Bd. I. Heft 2 et 3, 205-275. 1903.

KUILE (Em. ter.) Einfluss der Phasen auf Klangfarbe. Archiv. f. Physiol. LXXXIX, 1902, 7, u. 8, p. 333.

LAIGNEL - LANASTINE. Audition colorée familiale. Revue Neurologique, IX, 1901, déc., n° 23, p. 1152-1162.

LANNER (A.) Die in einem Gehoerfeld auf tretenden lücken. Die Umschau (Frankfurta M.) VL. 1902, 44, pages 879-880.

LAURET. Gazette de médecine et de chirurgie 1885, n° 52.

LAURET. Annales des maladies de l'oreille, 1886, n° 4.

LAURET. Revue générale d'ophtalmologie, 1886, n° 7.

LAURET. Gazette hebdomadaire des sciences médicales, Montpellier, n°s 46 et 47.

LAURET et DUCHAUSSOY. Sur un cas héréditaire d'audition colorée. Revue philosophique, 1887, T. I, p. 222.

LAY. 3 cas de synesthésie

Psycholog. Review, 1896, III, p. 92.

LECHALAS (Georges). Les sourdes-aveugles. Rev. des questions scientifiques 3e série. T. VII, p. 21, 20 janvier 1905. 31 p.

LEISER. Luft und Knochenleitung. Arch. f. Orenhk, LV, 1902, p. 147-151.

LICHTWIZ. Le Bulletin médical, 1889, n° 3.

LINDT. Ueber eitrige Labyrinthentzündung und deren operative Behandlung (B.) Correspondenzbl. f. Scheweiz Aerzte, XXXIV, 8, 274-276, 1903.

London Médical record Colour hearing. Déc. 1881.

LOVE (J. K.) Developing the Residual Hearing Porver and Speech of the Deaf Journ. of Laryngol. Rhinol. and otol. XVIII, 393-398, 1903.

LUCAE (A.) Ueber das Verhalten der Schallcitungen durch die Luft zur Leistung fester Koerper. Arch. f. Ohrenhk, LVII, 1902, p. 118.

LUCAE (A.) Ueber den diagnotischen Wert der Tonuntersuchugen mit be-

Pitch of Galton-Whistles. Journ. of Physiol., XXVIII, 1902, p. 417-425, 1903.

MEYER (Masc.) Some Points of Difference concerneng the Theory of Music Psychol. Review, X, 534-550, 1903.

MEYER (M.) Zur Theorie der Geraeuschempfindungen Ztsch. f. Pschol. XXXI, 233-247.

MILLET (J.) L'audition colorée. Thèse de doctorat en médecine, Paris, 1892.

MÖLLER (Lörgen.) Ueber Taeschungen des Gehoers in Bezug auf Tonhoche und Klangfarbe. Archiv. f. Ohrenheilkunde. LIV, 3-4-211, 1903.

MONROE (W. S.) Tone perception and Music Interest of Young Children. Pedag. Sem. X, 144-146, 1903.

MOUSSAYE (De la.) Deux articles dans l'Artiste, 1853.

NATIER (Marcel). La Surdité. Son diagnostic et son pronostic établi au moyen de l'enquête sur les diapasons. Bull. officiel des Sociétés Médicales d'arrondissement, de Paris et de la Seine, nᵒ 9, 5 mai, 1903.

NATIER (M.) La surdité ; son traitement par les exercices acoustiques au moyen des diapasons. (Institut de laryngologie, 6, Quai des Orfèvres, 1903.

NIMIER. Gazette de médecine et de chirurgie, 1890, nᵒ 12.

NIMIER. Gazette hebdomadaire de médecine et de chirurgie; 21 mars, 1891.

NORDAN. Dégénérescence, Paris, Alcan, 1895, vol. I, p. 247.

NUEL (J.) Dictionnaire encyclopédique des Sc. méd. Article Rétine. Vol. 83.

NÜSSBAUNER. Ueber Farbenem pfindungen Medec. Vochenschrift. nᵒˢ 1, 2, 3. Vienne. 1873.

OPPIKOFER (Ernst). Drei Taubstummen labyrinthe. Ein Beitrag zur Lehre von den Entivickel ungstocrungen des haentigen Labyrinths. Zeitschrift f. Ohrenheilkunde, XLIII, 177-215. Habilit. mit Schr. Basel, 1 vol., 38 pp.

Le Petit Marseillais, 25 février 1891.

PFIMLIN (P.) *Ueber die Funktions shoerungen des gehoerorgans im Greisenhalter Diss. Freiburg*, 1 vol. 42 pp. 1903.

PHILIPPI. *Di alcuni fenomeni prodotti dai suoni musicali sull' organismo umano*, Florence, 1884.

PHILIPPE. *Une observation d'audition colorée. Revue philosophique*, 1893. T. II, p. 330.

PHILIPPE. *L'audition colorée chez les aveugles. Revue scientifique*, 30 juin 1894.

POLLAK (Jos.) *Ueber einige Versuche, die guignet erscheinen die Helmholtz' sche Resonang theorie zustützen. Verhandld. gesellschaft dent. Naturforscher und Aerzts z. Karlsbald*, II, 2-570-571, 1903.

POUCHET et TOURNEUX. *Précis d'histologie humaine et d'histogénie*, 1878, 2ᵉ édition.

PUGUET (A.) *Les bourdonnements d'oreilles chez les neurasthéniques. Communication à la société française de prophylaxie*, 1904.

QUINCKE. *Ueber Mitempfindungen und Verwandte Vorgänge Zeitschrift für Klin Med.* 1890, XVII, 5.

QUIX (F. H.) *Bestimmung der Gehoers chaerfe auf physikalischer Grundlage Zeitschrift f. Ohrenheilkunde*, LXV, 1-30, 1903.

RAYLEIGH (Lord.) *Interference of Sound. Nature*, LVI, 1902, p. 42-44.

RAYMOND. *Gazette des Hôpitaux*, 1889, nº 74.

RAYMOND. *Gazette des Hôpitaux*, 1890, juillet, nº 2.

London Musical Trinls, novembre 1890.

RÉGIS. *Les différentes hallucinations de l'ouïe. Journal de méd. de Bordeaux*, nº 30, 24 juil. 1904, p. 542.

Revue de Laryngologie, 1888, nº 6.

Revue générale d'ophtamologie, 1888, nº 3.

Revue générale d'Ophtamologie, 1890, nº 3.

RIMBAUD (A.) *Poésies. Le sonnet des voyelles*, Paris, Vanier, 1871.

ROBIN (P.) *Appareil pour mesurer l'acuité auditive.*

Physiol. (Pflüger's.) LXXXVIII, 1902, p. 475-497.

SCHENKL. *Beitrage zur Association der Worte mit Farben, Prag. med. Wochenschrift,* 1881, n° 48.

SCHENKL. *Ueber Association der Worte mit Farben. Prag. med. Wochenschr,* 1883, X-94 et XI-101.

SCHILPERVORT (W.) *Fall von Paralyse des linken N. recurrens und des rechten M. Crico-aryten posticus bei Syringomyelie* (B) *Monatschr. f. Ohrenheilkd,* XXXVII-12, 565, 1903.

SCHLEGEL (H. G.) *Nene Materialen für die Staatsaryncikunde,* Meinengen, 1824.

SCHMIEGELOW. *Beitrag zur Frage von dem Verhaeltnis der Schwerhoerigkeit zur Taubstummeit* (B) *Monatsschr. f. Ohrenheilkd,* XXXVII, 5, 200. 1903.

SCRIPTURE (E. WHEGLER.) *Recent Researches on the Voice. Médical Record,* 28 Febr, 1905.

SCRIPTURE (E. WHEG-

LER.) *A Record of the Melody of the Lord's Prayer. Die Neueren Sprachen Extr. Br.* 36 pp.

SEASHORE (C. E.) *The localisation of Sound. The middletonian,* Décembre, Yowa *Extr. Broch.* 15 pp. 1903.

SECCHI (C.) *La fiestra roton da è la sola via pei suoni dall'aria Labirinto. Arch. di Otol, Rhinol. e Laringol,* XII-4. 1 vol. 76 pp. 1903.

SOKOLOW. *Faits et théorie d'audition colorée,* 1896, VIII.

SOLLIER. *Un cas de gustation coloré. Société de Biologie,* 14 nov. 1891.

SOMMER. *Die Umsetzung des Pulses im Toene. Bul. Klin Wochenschrift,* XI, 1169-1171, 1903.

SPENCER (Edw.) *Word Color. Proceedings Indiana College association. Publ. in Déc,* 1890.

SPU. *Demonstration von Centralkoerperen in den Zellen des cortischen Organs der menschlichen Gehorschnecke. Verhdlg. d. Anat. Ger. a. d.* 16. *Versamlg. zu Halle,* 1902, p. 257-259.

phobie und Verwandte Zustaende bei Erkrankungen des Ohres (B) Archiv. f. Psych. u. Nervenkrankht, XXXVI, 930-931, 1903.

TREITEL. *Ohr und Sprache oder über Hoerprüfung mittelst Sprache.* Klin, Vortraege a, d, Gebicte d. Otologie. Iena, G. Fischer. V, 1902, 7, p. 403-416.

UGHETTI. *La Nature.* Milan, 1884.

URBANTSCHITSCH. *Plüfgers Archiv,* 1888, vol. XLII, 154.

URBANTSCHITSCH. (V.) *Ueber Rezonanztoene, erzergt durch die Annaeherung von Flaechen au die Ohrmuschel.* Arch. f. d. ges. Physiol. (Pflüger's), LXXXIX, 1902, p. 594-599.

WACHTER (F.) *Ueber Tarbstummheit in ihrer Beziehung zum Unterricht der Taubstummen.* Diss. Erlangen. 1 vol. 41 pp. u. 12 Tab, 1903.

WAHLSTEDT. *Deux cas d'audition colorée.* Verhandl des biol Vereins in Stockholm, 1890, III.

VAIL (D.-E.) *A new field of hearing chart.* Laryng, XII, 1902, p. 344-346.

VARIGNY (DE) *Congrès intern. de Psychol-physiol,* Paris, 1889.

VASCHIDE et VURPAS (CL.) *Contribution à la psycho-physiologie de la corde du tympan.* Bull. de Laryngol., Otol., V, 1902, p. 169-174.

VASCHIDE. (N.) *Le sentiment musical chez les aliénés.* La Renaissance latine, 3e année, n° 11, p. 291, 15 novembre 1904, 23 pages.

VAUTHIER. *Gazette des Hôpitaux,* 1860.

VELARDI. *Giornale internazion. del. Scie. med.* 1884, n° 7.

VERGO. *Archiv. ital. per le malattie nervose,* Milan, 1865.

DE VISCOVI. *Visione cromatizzata delle parole (audizione colorata).* Archiv. ital. di otol. 1897, V, p. 273.

WUNDT. *Physiologische Psychologie,* 1874, pp. 452, 668, 850.

WANNER (F). *Funktions prufüngen bei akuten Mittelohrentzündun-*

ZWAARDEMAKER (H.) und GUIZ (F.-H.) Schwellenwerk und Ton-boehe. Arch. f. Anat. u. *Physiol. — Physiol. Abth. — 1902, Suppl. Bd. — p. 367-398.*

TABLE DES MATIÈRES

Imprimerie Générale de Châtillon-sur-Seine — A. Pichat.